中华爱国人物故事

人物故事

ZHONGHUA AIGUO RENWU GUSHI

人民音乐家聂耳与冼星海

刘 达 编著

吉林人民出版社

图书在版编目(CIP)数据

人民音乐家聂耳与冼星海 / 刘达编著 . —— 长春：
吉林人民出版社, 2011.5
（中华爱国人物故事）
ISBN 978-7-206-07831-6

Ⅰ.①人… Ⅱ.①刘… Ⅲ.①聂耳(1912～1935) –
生平事迹②冼星海(1905～1945) – 生平事迹 Ⅳ.
①K825.76

中国版本图书馆CIP数据核字(2011)第075674号

人民音乐家聂耳与冼星海

RENMIN YINYUEJIA NIE ER YU XIAN XINGHAI

编　　著:刘　达
责任编辑:葛　琳　　　　　　　　封面设计:七　洱
吉林人民出版社出版 发行(长春市人民大街7548号　邮政编码:130022)
印　　刷:鸿鹄(唐山)印务有限公司
开　　本:670mm×950mm　　　　1/16
印　　张:8　　　　　　　　　字　　数:70千字
标准书号:ISBN 978-7-206-07831-6
版　　次:2011年5月第1版　　　印　　次:2021年8月第3次印刷
定　　价:35.00元

如发现印装质量问题,影响阅读,请与出版社联系调换。

总　序

胡维革

　　《中华爱国人物故事》是一套故事丛书。它汇集了我国历史上80位古圣先贤、民族英雄、志士仁人、革命领袖、先进模范人物的生动感人史迹，表现了作为中华民族优秀传统的伟大的爱国主义精神。

　　爱国主义是人们对于"生于斯、长于斯、衣食于斯"的祖国的一种神圣感情，是人们对于自己民族的一种强烈的责任感和使命感，是感召和激励整个中华民族的一面永不褪色的旗帜。在漫长的历史上，爱国主义一直激励着中华儿女为祖国的独立、统一、进步和繁荣而英勇奋斗。从伟大的思想家教育家孔子到统一全国的千古一帝秦始皇，从秉笔直书著《史记》的司马

迁到鞠躬尽瘁死而后已的诸葛亮,从伟大的浪漫主义诗人李白到精忠报国的民族英雄岳飞,从七下西洋传播友谊的郑和到抗击倭寇的民族英雄戚继光,从苟利国家生死以的林则徐到为变法流血的第一人谭嗣同,从威震敌胆的抗联将军杨靖宇到人民音乐家聂耳与冼星海,从踏遍青山人未老的李四光到万婴之母林巧稚,从县委书记的好榜样焦裕禄到情系雪域献身高原的孔繁森……都表现出了强烈的爱国主义精神。正是由于热爱祖国的人们前仆后继地奋斗,国家和民族才得以生存,历经一次次历史危急关头而能转危为安,走向兴盛和富强,从而屹立于世界民族之林。爱国主义是鼓舞中华儿女历经忧患、跨越沧桑、百折不挠、自强不息的伟大力量,它贯穿于中华民族的整个历史,并有力地凝聚着五洲四海的中国人。

　　爱国主义是一个历史的范畴,在社会发展的不同阶段、不同时期有着不同的具体内容。革命时期,需要我们为祖国的独立自主出生入死;建设时期,需要我们为祖国的繁荣富强增砖添瓦;在全国各族人民团结一心建设富强、民主、文明、和谐的社会主义现代化国家的今天,我们要争做一名新时期的爱国者。新时期的爱国者要有强烈的民族自尊心和自豪感。民族自尊心和自豪感是任何时期任何爱国者都必须具备的情感。民族自尊心能增强我们自立向上的恒心,民族自豪感能树立我们建设祖国的信心。要树立"祖国高于一切"的崇高信念,为了祖国和人民的利益不惜抛却个人的利益,甚至不惜牺牲个人的生命。要树立终身学习的理念,拓

宽自己的知识面,广泛吸收新知识新技术,完善自身的知识结构,更新学习知识的方法与理念,从思想上、知识上充分武装自己,为祖国的繁荣昌盛贡献力量。

爱国主义思想的继承和发扬,是关系到民族盛衰、国家兴亡的根本问题。一代代人爱国主义思想情操的形成,需要不断地培养。培养爱国主义的一个重要途径是向爱国主义的英雄人物和典范事迹学习。这套丛书的出版,对于人们向英雄和先进人物学习,特别是对于在中小学生中进行爱国主义教育,将可提供一些生动的教材。祝愿此书出版发行成功,为培养"四有"新人做出贡献。

于 2011 年 4 月 23 日

世界读书日

中华爱国人物故事

编 委 会

目录
CONTENTS

目 录。
CONTENTS

聂 耳

苦中有乐的童年

　　辛亥革命胜利后的第二年春节前夕，聂耳出生于昆明城南的中药铺"成春堂"。父名聂鸿仪，原是玉溪县（今玉溪市）的一名中医，于清朝光绪末年（1909年）举家迁居昆明经营成春堂药店。聂耳在玉溪的故居是聂耳的曾祖父聂连登于清末所建，传至聂耳的父亲聂鸿仪。光绪二十八年（1902年），聂鸿仪去昆明行医，留给聂耳的大嫂王静珍居住。聂耳故居是一楼一底木结构建筑，临街面楼下原为半截砖墙，外有护板，上部为活动木板窗，开为铺面。街面楼下房檐上仍有半截依稀可见的浮雕图案。聂耳的父亲一边给人看病，一边给病人抓药，勉强维持一家人的过活。他的母亲，主要从事家务，并协助丈夫经营医务。聂耳乳名嘉祥，学名守信，字子义。"聂耳"这个名字是他后来进"明月歌舞剧社"所取的艺名。聂耳有三个哥哥、两个姐姐，他在男孩中排行第四。

聂耳是家里最小的孩子，全家人都十分宠爱他。他是个聪明好学的孩子，记忆力特别强，3岁的时候就能识字300多个，到了4岁，就认识500多个汉字了。母亲教他唱的民歌小调，他学几遍就会唱，大人讲给他听的故事，他也很快能够复述出来。最招人喜欢的，还是他的模仿能力。他经常学鸡、狗、小鸟等小动物的叫声，听到他觉得有意思的方言，便能一点不走样地学出来。由于父母的教育和家庭环境的熏陶，聂耳从小就养成了一些良好的生活习惯和思想品德。如爱整洁、讲卫生；与人和睦相处；勤于跟大人一同做事。有一年的春节，邻居有钱人家的孩子都穿红戴绿一身新衣服，聂耳依然是一身旧衣服，有个阔少鄙夷地骂聂耳是"叫花子"，聂耳

聂耳故居

被这突如其来的侮辱气得半天说不出话来。从此，他坚决不和有钱人家的孩子接触。在今后他所创作的许多歌曲中，几乎处处都留下了这种爱憎分明的阶级感情的烙印。

聂耳的父亲旧学底子较深，对医学有较深的造诣，又精通制药、炮炙之法，为人思想也较为开通。由于家庭负担过重，长年操劳过度，在聂耳4岁时患了当时无法治愈的肺结核病，不久他就卧床不起与世长辞了。父亲过早地离开，对聂耳全家，特别是聂耳的母亲，是沉重的打击。

聂耳的母亲，是一位刚强能干、温良贤惠的傣族妇女。她自幼没能入学读书，靠勤奋自学识了许多字，读了《百家姓》《三字经》等几本书。结婚后，在聂鸿仪的帮助下，她学文化，并逐步掌握了中医中药理论和医术。丈夫死后，她不仅毅然挑起了全家生活的重担，而且承担了教育子女的全部责任。逐步掌握了药理、切脉、处方等全面的中医中药理论和医术，经过鉴定医生的官方考试，她取得了行医的资格，继承了亡夫的职业。每天，她一个人又看病又配药，依靠有限的诊药费来维持一家人的生活。不足部分，她就用晚上替人家洗衣服和做针线活来弥补。聂耳最初的启蒙教师是母亲，在母亲的耐心教育和严厉督促下，他5岁时就能认1 000多个汉字

了，而且对每个字都进行认认真真的"描红"。母亲总是用"头悬梁，锥刺股""少壮不努力，老大徒伤悲""一寸光阴一寸金，寸金难买寸光阴"等民间谚语和警句教育孩子们，要求他们勤奋上进，不允许他们沾染半点不好的习气。母亲还经常给孩子们唱娓娓动听的花灯调、扬琴调，把许多民间传说故事唱给孩子们听，使他们自幼在心灵深处种下了喜爱传统文化和民间音乐艺术的种子。

1918年，6岁的聂耳向母亲提出了要念书的请求，尽管家里经济不宽裕，聂耳的母亲还是满足了他的愿望。当时的昆明师范附小，要求学生一律穿蓝色制服，戴蓝色大檐帽，上边佩一枚铜制鸡心形帽徽。为了缴制服费和学杂费，母亲只好忍痛典当了父亲留下的唯一的"财产"——八音钟。初小一年级的课程是国文、算术、修身（相当于现在的思想品德课）、体育、手工、图画和唱歌。聂耳没有辜负母亲的期望，读书很用功。有一天下大雪，很冷，母亲说这样的天气就不要去上学了。她一是怕聂耳衣服单薄会冻病了，二是觉得这样的寒冷天里是不会有人去上课的，老师也不一定会来。聂耳却仍然按时来到学校。班里只来了三四个同学，他们的杨实之老师不但照常给他们上课，还赞扬他们不怕苦、勤奋读书的精神。凭着这股精神，期末各科考试，聂耳都名列第一。一天，聂耳见母亲在一边暗自流泪，才知道家里欠了房主几个月的房租，就要被房主撵出去了。聂耳和两个哥哥商量，决定背着母亲到外边去干点临时工，挣些钱以解家中燃眉之急。当时，两个哥哥的年龄分别为13岁和10岁，聂耳只有7岁。他们手牵手沿着昆明的街道从南走到北，从东找到西，几乎所见到的百货商店、酒馆茶楼、杂货铺子都问遍了，可由于年龄小，没有一家肯用他们。最后，兄弟三人满怀沮丧，饥肠辘辘地拖着沉重的双脚回到家里。在整个初小的四年学习期间，聂耳年年取得各门功课的优异成绩。1922年，聂耳初小毕业，本以为自己学习成绩优异，一定能升入本校高小。但校方却宣布：凡已参加"童子军"的，可直接升入本校高小，未参加"童子军"的，一律转到私立求实小学高小就读。"童子军"是国民党时代在小学实行的军训化组织。聂耳由于家境贫寒无力购置童子军服等衣物，因而没有参加这个组织。虽经聂耳再三力争，却最终未能留在昆师附小，被迫到求实小学读书。

私立求实小学，是由昆明市热衷于教育事业的苏鸿纲先生筹资创办的。由于没有校舍，只好借用位于市中心的孔庙（今天的文庙）上课。在开学典礼上，聂耳聆听了校长的讲话，得知求实小学是经过怎样的艰苦奋斗才兴办起来的，心中感动不已。这一年，聂耳被推选为

校学生自治会会长，并任本班的班长。不久，孔庙要修缮，有关方面让求实小学暂时迁出，待完工后再行迁回。然而他们却自食其言，事后拒绝学校迁回。学校因而面临被迫停办的命运。聂耳作为大家推选的学生代表，与苏校长一道到孔庙当局那里去进行说理斗争，又到教育主管部门请愿，均遭无理回绝。在聂耳等学生积极分子的组织下，学校成立了宣传队，走上街头进行宣传、演讲，呼吁各界人士给予同情和声援。经过几天的斗争，果然得到各校的声援和社会舆论的支持，最终取得了胜利。求实小学的全体师生重新得到了他们的校舍。为了表彰聂耳发奋学习和勇于斗争的精神，学校特颁发给他一张"第一号褒状"的奖状，以资鼓励。到了1955年，原求实小学校长苏鸿纲先生还在《云南日报》上追述道："聂耳同志小时候就具有正义感和与恶势力斗争的精神……"

聂耳音乐广场

聂耳自幼喜爱云南丰富优美的民歌、花灯、滇剧、洞经调等民族民间音乐。"当一个音乐家",是聂耳少年时代美好的梦想。由于生活所迫,聂耳的母亲带着孩子们几次搬家。他们在端仕街居住时,不远处有一家小木器店,店主是一位姓邱的木匠师傅,闲来喜欢吹吹笛子。聂耳被邱师傅的笛声吸引,听得十分入神。终于有一天,他向邱师傅学会了吹笛子。而后,他又向一位小学老师学会了拉二胡。后来,他又先后学会了弹弄三弦和月琴。1924年11月1日,学校正式成立了"私立求实小学校学生音乐团",聂耳和两个哥哥都是这个乐团的成员,同学们一致推举聂耳担任音乐团的指挥。

然而,到了高小二年级,聂耳再次面临着失学的威胁。由于家中经济实在困难,学校同意将聂耳的学杂费减免一半。这在当时的私立小学里,已是十分难得了。但另一半费用上哪儿去弄呢?母亲终于咬咬牙,卖掉了

被典当又曾被赎回的那只八音钟。失去了心爱的八音钟，全家人都难过得哭了。从此，聂耳变得更加懂事，也更体贴母亲了。为了减轻母亲的负担，他从未买过一本教科书，都是借同学的书来一本本地抄写，抄得十分认真、工整。他一点也不觉得这样做有多么辛苦，反而为能够省下买课本的钱而感到欣慰。他认为这样整本地抄书，可以熟悉课文，巩固记忆，对学习更有利。就这样，聂耳使用着手抄的课本，在班上始终保持着名列前茅的优异成绩。

逆境中前行

1925年春，考虑到家庭实际经济状况，聂耳接受杨实之老师的建议，考入了因允许走读而相对收费较低廉的云南第一联合中学（当时的中学多为住读）。升入中学后，他在音乐、文艺方面的爱好有了新的增长。他积极地参加学校和亲友所组织的各种器乐合奏开始对在昆明等地民间广泛流传的"洞经调"发生浓厚的兴趣；并且学唱当时流传的各种中、外革命歌曲。这时聂耳对英语产生了浓厚的兴趣，功课再忙，他也总是坚持晚上去英语学会补习英语，有时到昆明基督教青年会去听英语课。在那里，他结识了他的恩师柏希文先生。柏希文是一位出生于中国的外籍学者。他的父亲是法国人，母亲是中国广东高州人。他对于聂耳英语水平的提高、思想认识的发展和音乐爱好的培养都产生了深刻的影响。他常常给学生灌输无神论思想，揭露帝国主义侵略中国的罪行。

他促使聂耳对钢琴等西洋乐器发生了兴趣，进一步加深了对欧洲音乐的了解。在柏先生的指导和聂耳自己的努力下，聂耳初中毕业时，已能阅读一般的英语读物和进行普通的英语对话了，并常常用英文写日记。当时正值第一次国内革命战争进入高潮阶段，国民党在共产党的支持下，召开了第一次全国代表大会通过了孙中山先生提出的"联俄、联共、扶助农工"的三大政策，创立了为发展革命武装力量的黄埔陆军军官学校，并在此基础上成立了誓师北伐的"国民革命军"。反对帝国主义、反对军阀统治的革命群众运动迅速发展，传播各种进步思想的报刊遍及全国。这一切对当时绝大多数进步学生的成长，产生了巨大的影响。就在这样的形势下，聂耳广泛地阅读了《生活知识》《创造月刊》《东方杂志》等进步书刊，并热情投入为反抗帝国主义暴行、支援"五卅"受难工人的宣传、募捐演出等活动。这些活动大大开阔了他的政治视野，促进了他对社会问题的关注以及对学习马克思主义等革命理论的兴趣。例如在他当时的一篇作文练习《近日国内罢工风潮述评》中，开始以阶级斗争的观点去分析社会矛盾，提出了"欲免除罢工之患，非打破资产阶级不可"的正确见解。中国当时严酷的社会现实，深刻地教育了聂耳。他积极投入到蓬勃的学生运动中。

1927年秋，聂耳初中毕业。当时的云南省立第一师范学校是全省唯一的一所公费学校，学生的学杂费和膳宿费都由国家负担，因而报考的人很多，录取的比例只有1/10。即使这样，历经三榜考试，聂耳仍以优异成绩考入该校高中部的"外国语组"，主修英语。在学校，他是

青年的聂耳

文艺活动的积极参加者，演剧时经常任女主角（因当时实行男女分校制）。因他曾在《克拉维歌》中出色地扮演过女主角"马莉亚"，后来"马莉亚"竟一度成了他的外号。当时的省立第一师范是昆明学生运动的中心，在地下党和共青团的直接领导下，该校学生们参加校内外的进步活动非常踊跃。聂耳在同班同学的帮助下参加了共青团的外围组织"读书会"。阅读了不少进步书刊，提高了政治思想觉悟。1927年，蒋介石叛变革命，云南的军阀当局也搞起了"清党"的罪恶勾当，昆明很快就笼罩在一片白色恐怖之中。亲眼见周围的进步师生和共产党

人惨遭杀害，聂耳满腔悲愤，但他一点也没有退缩，反而更加坚定了追求真理的决心。他曾在一篇作文练习《我的人生观》中自我批判了过去曾流露过的消极遁世思想，并针对当时的种种反动暴行，大声疾呼："我们的自由究竟得着多少？完全是在几个军阀政客包办的政府手里"。最后他发出了必须"打倒恶社会，建设新社会"的庄严号召。在革命形势处于低潮时，在生死考验面前，聂耳毅然于1928年秋加入了共产主义青年团。聂耳作为党领导下的"救难会"的成员，曾多次去监狱探望、接济被关押的革命同志，按照团组织的安排，他还从事刻印、张贴传单等革命活动。他从事革命活动的方法很高明。学校内有两个亭子，他能一面和生疏的同学周旋着，一面反手就把标语、传单贴在柱子后面。由于他经常张贴文艺活动的通知，学校当局并不怎么怀疑他。

聂耳在省立师范读书的时候，因共同的爱好，他结识了省立师范附小教音乐的张庚侯，并开始练习拉小提琴，并与其三哥聂叙伦、友人李家鼎等经常在家里进行民乐合奏等活动。在省立师附小的孩子们的要求下，他俩合作写了《省师附小校歌》，由张庚侯作词，聂耳谱曲。当时省立师附小的学生，现已是年逾古稀的老人，一提起当年聂耳、张庚侯教他们唱的校歌，仍记忆犹新："同学们，大家团结起来，锻炼勤苦耐劳的个性，养成服务社会的能力，造就健全生活的本领……"聂耳的三哥聂叙伦回忆道："在创作校歌时，聂耳根据歌词反复琢磨，并在屋里高声试唱，边唱边改，没有几天就完成了。这首校歌，不仅在校内流行，也成了校外学生普遍爱唱的一首歌了。"那时的聂耳，只有16岁。聂耳在省立师范读到第三个学期，心里逐渐产生了去外省探索真理、寻求出路的念头。他想到外省去读公费学校，但又没有哪个学校来云南招生。他还想外出谋一个合适的工作，却又没有什么门路。当时年仅16岁的聂耳还不可能对统治阶级的反动实质、对以蒋介石为代表的国民党和"国民政府"的反动性、欺骗性有什么深刻的认识。因此1928年冬，当他听说驻扎在湖南郴州的国民革命军第十六军来云南招收"学生军"派驻外省时，他与同班的几位进步学生误认为"男儿志四方"这是一次参加实际革命斗争的好机会。几天之中，报名者就达200多人。一时间，聂耳也显得异常兴奋："云南不是我待的地方。虽然我的家庭是这样快乐，学校生活也是这样有趣，思来想去，宁肯牺牲了一切一切，甚至于牺牲了我的可爱的小朋友。我决定了，无疑了，明天一定和他们走吧！"从云南到湖南，绝没有现在这样方便。须先沿滇越铁路到达越南河内，由越南港口城市海防乘船到中国的香港，再由广州出发乘车到湖南。聂耳一行人几经辗转，历尽

千辛万苦，于 1928 年 12 月 15 日到达十六军驻地——湖南郴州。这时，聂耳才发现，他们哪里是什么"学生军"，实际是范石生的第十六军为了补充兵源而招募的新兵。他们被编入"新兵队"受训，在那里，聂耳亲身感受了旧军队内部的黑暗与腐朽，认识到自己受了骗上了当。新兵的生活很凄苦，聂耳在日记中写道："看见新兵之惨状，见熟人之流泪。吃罢晚饭，稻草三把灰毯一床。"在这种情况下，几乎每天都有新兵逃跑。被抓回来的不是被活活打死，就是被打致残，有的被罚做苦役。由于一位同乡的疏通、帮助，聂耳于 1928 年 12 月 26 日

聂耳音乐广场

离开了新兵队，到连里当了文书。1929年3月随十六军军官团南下广州。聂耳希望能在广州投考黄埔军校，后因资历不够未能实现。同年4月8日，聂耳等人被该军遣散，结束了近半年的军队生活。聂耳徘徊在广州街头，不知何去何从。到上海报考公费学校？没有把握。在广州等待投考航空学校？要等4个多月，仅有的一点遣散费根本维持不了那么久。回昆明？哪里有颜面去见亲朋呀。此时，他在报上看到了一则演剧学校招考公费生的消息，便兴冲冲地去以聂紫艺的名字报了名，考入广东戏剧研究所附设的音乐班，待考取后才得知，该校只是学习粤剧中的锣鼓、丝弦等乐器、实在与聂耳的兴趣不相投。聂耳心灰意冷，决定尽快回昆明。

1929年5月，他向人借了一笔路费，才回到了家乡，继续在省立第一师范插入原班继续学习。经过这次挫折，聂耳的革命意志并没有消沉，他在学习专业课之余，阅读了大量的马列经典著作和进步书刊，并以文艺演出的形式，积极投入反帝反封建及募捐救灾、办学的宣传活动中。他在第一师范学习期间，业余学习音乐，参加各种游艺演出。这时他结识了新搬来的邻居、后来任省第一师范附小音乐教员的张庚侯，通过他指导开始练习小提琴和吉他演奏为同学、友人演出，黎锦晖的儿童歌舞剧《三蝴蝶》等伴奏。经常参加校内外的音乐、戏剧等

聂耳

活动。与张庚侯、廖伯民等友人一起组织九九音乐社。这时他对戏剧表演也表现出极大的兴趣和突出的才能，对文学戏剧的写作也有强烈的爱好，多次"跃跃欲试"，并有意通过写日记来扩展文学写作方面的才能。多才多艺的聂耳经常受到友人们的赞赏，更受到一些低班女同学的崇拜。聂耳尽情领略这种真诚的友谊和春天般的欢乐，并开始萌发了自己纯洁的初恋。当年10月，在参加该校的戏剧研究会所举办的一系列中文话剧的演出活动中，与其在云南的初恋女友袁春晖结识，也是他唯一终身爱恋的人。即使以后他在灯红酒绿的大上海人生闯荡中，与许多歌星、影星相交，都不能改变聂耳对远在家乡恋人的忠贞。在远离家乡的这些日子里，与袁春晖互吐衷肠往来的书信达200封左右。就在聂耳远涉重洋遇难之前，他的母亲还来信催促聂耳抽时间回家与袁春晖完婚。因聂耳一直想在自己认定的事业上有更大的建树，这段美好纯真的姻缘，因聂耳的突然遇难而成为历史的遗憾。但聂耳是带着永远的爱恋而去天国的。当噩耗传到聂耳家乡，袁春晖悲痛欲绝，好多年都不能自拔，之后她一直住在聂耳家中，侍奉着聂耳的老母彭寂宽……回到省第一附属师范学习期间，聂耳与学生中的进步力量建立了密切的联系，并继续自学有关马克思主义的理论。1929年7月11日，云南的军阀为了备战而搬运军火，结果引起昆明市北门街江南会馆火药库的大爆炸，无辜的百姓死伤在4 000人以上。中共云南地下党在"济难会"掩护下，组织救济灾民。聂耳作为"济难会"的主要成员，参加了学生组织"七·一——青年救济团"。他尽全力协助灾民解决衣物、食宿、卫生、教育等问题，并四处奔走，积极开展宣传工作。他还发动灾民向军阀政府请愿，要求严惩祸首，赔偿损失。反动当局对此大为恐慌，派军警四处搜捕学生。聂耳在群众的掩护下幸免于难，被安排去乡下躲避了一段时间。

在毕业前夕，聂耳得悉他有被捕的危险，1930年初，云南军阀之间的混战基本结束，他们得以转过来镇压革命人民。许多共产党人被捕牺牲，也有一些意志薄弱者当了可耻的叛徒。这年5月，有叛徒供出了聂耳参加共青团的情况，敌人开始对聂耳进行暗中监视，就要向他下毒手了！一天，聂耳三哥聂叙伦的好友李同文突然跑到聂耳家，说他在父亲的办公桌上偷看到一份逮捕名单，

上面有聂守信（即聂耳）的名字。李同文的父亲是当时昆明地方法院的院长，参与了密谋逮捕的工作，这个消息是可靠的。聂耳必须立即离开昆明。可离开昆明又能到哪里去呢？这时聂耳刚由省立师范毕业，玉溪教育局曾聘请他到玉溪中学教英文。可是到了玉溪，也仍然在云南反动政府的魔爪下，随时有被捕的可能。只有远走外省比较安全。然而路费上哪去弄呢？即使走成了，今后的生活也是没有着落。这时，正巧有一个机会，使聂耳的出走计划得以实现。三哥聂叙伦的一位福建朋友薛耕莘先生，在上海设立了"云丰申庄"，经营纸烟业务，他约聂叙伦去担任会计。三哥想，如果把这个工作让给聂耳，弟弟就能很快离开昆明了，况且全部路费都由店方提供，到了上海有个落脚的地方，生活上也能有保障。为了使弟弟逃脱被反动派逮捕的厄运，三哥立即同薛先生商量，以自己要在家照顾老母为托词，让聂耳顶替自己去上海，薛先生同意了。1930年7月10日，聂耳告别了亲人故友和家乡，只身取道越南，途经中国香港，于7月18日来到了纸醉金迷的上海滩，此后，聂耳远离自己的家乡、远离亲人和故友，开始了他在外独立谋生的日子。那时，他只有18岁。

闯荡上海

旧中国的上海，被称为"冒险家的乐园"。它既是帝国主义、封建买办阶级和一切反动腐朽势力的大本营，同时又是一个有着光荣革命传统的城市，是中国共产党诞生、成长并进行长期艰苦卓绝斗争的摇篮。聂耳初到上海，经济上很拮据，生活异常节俭。"云丰申庄"的经营业务只有一桩，就是从上海采购香烟邮寄到昆明销售。他们串通一个在邮局工作的股东，私

聂耳雕像

下里逃过按规定应缴纳的高额的特种消费税，从中牟利。聂耳看在眼里，心中充满鄙夷。聂耳在"云丰申庄"所干的活计实在是辛苦而又琐碎，并且乏味至极。无非是提货、包装、邮寄、记账之类，有时还要拉板车运货。每天工作达10多个小时。起初，申庄只管食宿，开始没有工资，于8月下旬，改为所谓"驻申稽查员"名义才给以每月15元的低薪。除吃饭外，也仅够添些简单的衣服和日用品。这个商号位于上海虹口公平路的一条弄堂里，居住条件很差，周围环境混乱嘈杂。商号里的同事成天打麻将、看电影、逛马路，聂耳对此极为看不惯。他没有虚度光阴，而是利用一切时间学习英语、日语，阅读革命文艺理论和进步书刊，苦练小提琴。他在给二哥聂子明的信里说："二哥，请放心吧！我虽没有钱用，这是无所谓的，我只希望我的生活能随我理想的有系统。现在我每天都在自修英、日文，但时间很少，单烧火煮饭的时间就要占一大半，还要做所谓公事。不过我都尽量找时间，做自己的功夫。繁华的上海，藏污纳垢，您的弟弟早深深地感到。请您像以前一样相信他，他决不会误入歧途的。"即使在这样艰难困苦的条件下，聂耳仍念念不忘火热的斗争生活。聂耳一到上海就面临着两种截然不同的生活的影响。一方面不得不整天忙于日益繁重的商务劳动。他居住在简陋、嘈杂的住所中，工作之余只能把时间消耗在打麻将、看电影、逛马路，甚至"追小白兔"等等无聊的事情上。另一方面，他早年的经历、对文艺的爱好以及他的一些进步同乡和家人书信的影响，使他不愿沉沦在这些无聊的生活旋涡之中。当革命的节日"八月一日""十一月七日"到来时，他心底里无限的希望和高兴，企图在报纸上能见到应有的反应，更盼望在街头会出现动人的革命集会的场面。8月1日，南昌起义纪念日这一天，聂耳兴奋地注视着街头，希望能看到革命群众迎接节日的游行活动。然而实际情况令他大为失望。他在1930年8月1日的日记中写道："上海的'八一'料想中不会怎样，因为租界已经先期严密防范。今天的报纸开始便是'今天八一，华租界严密防范'。"他四处找寻进步书刊阅读，这些书刊激起他文艺创作的兴趣更使他认识到以后的研究和创作必须摆脱个人无病呻吟的狭隘天地，而应"更深层的向前跑，向着新的艺术运动的路上跑去"，"非集团的、不能和群众接近的文艺已是成为过去的东西了，它是现在社会所不必需的。"聂耳到上海仅仅两个多月，就参加了中国共产党领导下的"上海反帝大同盟"虹口区的组织，积极从事抗日游行示威等活动。在上海时，他最喜爱的乐器是小提琴，可是靠那几个仅够糊口的工钱是绝对买不起的。直到1931年2月，他帮助昆明老家的朋友张庚侯、廖伯民在上海代租电影拷贝，得到100元报酬。100元啊，离开大家庭以来他还从未拥有过这么多的钱，聂耳的心狂跳起来。他把这笔钱的一半寄给母亲，另一半买了一把廉价的小提琴还有两本乐谱，这才了却了多年的心愿。这把普通的小提琴，从此为聂耳的生活增添了华丽的色彩。

1931年3月19日，"云丰申庄"因漏税之事败露，受到巨额罚款后倒闭。聂耳就此失业。正当他徘徊街头，为寻找工作而四处奔走时，他无意中从报纸上发现了一则联华影业公司"音乐歌舞学校"招生的启示，便立去报考。所谓"联华音乐歌舞学校"，实际上是以黎锦晖领导的明月歌舞剧社为基础、扩大改组而成的。明月歌舞

聂耳的墓志铭

剧社的前身，是黎锦晖创办的中华歌舞剧团。这是我国最早的职业性歌舞团。阵容虽然不大，但是因为拥有上海有名的"歌舞四大天王"王人美、胡笳、白丽珠、薛玲仙以及影帝金焰等名角，在上海乃至全国名噪一时。当时聂耳在群星璀璨的"明月"是名小提琴练习生。聂耳报考时，"明月"与"联华"还在为这一改组协商谈判，所以当时他们对外演出仍以"明月歌舞剧社"的名义。这个歌舞剧社只有十几名年轻歌舞演员，10人不到的小乐队，连同其他编、创等工作人员在内，总共40人左右。"明月歌舞剧社"招考小提琴师的广告，待遇是提供食宿，每月另发10元钱津贴。聂耳兴奋异常，这不仅可以解决眼下的温饱问题，更重要的是可以一心一意地从事他热爱的音乐事业了！报考"明月歌舞剧社"的有100多人，经过初试、复试等严格考核，聂耳终于幸运地成为仅被录取的3人中的1个。从此，他更加勤奋刻苦地练习小提琴，每天练琴时间常在6小时以上。那一时期，他的日记中经常出现"一天的小提琴生活"的字样。功夫不负有心人，经过半年多的勤学苦练，聂耳的小提琴演奏技巧有了很大提高，成了乐队的主要小提琴手。聂耳担任乐队的提琴手的同时还要上台串演舞蹈、杂耍以及担负大量繁重的杂务。在最初的4个多月里；聂耳没有固定的薪金，除了可以免费吃、住以外，只能得到一

些临时性的演出津贴。直到当年9月，"明月歌舞剧社"正式与"联华"影业公司签约后，他才取得每月25元的低薪。聂耳报考"明月歌舞剧社"时，用的是"聂紫艺"的名字。由于他有一副天生下来就十分聪敏的耳朵，又极擅长模仿别人说话的声音和腔调。有人回忆说："从他耳朵里进去的，没有不能从他嘴里活跳出来的。"更有趣的是，聂耳可以用意念驱使他的耳朵前后上下地摆动，做出许多滑稽样子。再加上他姓聂，因此很多人都戏称他"耳朵先生""聂耳博士"。于是，他索性在自己姓下面加一个"耳"字，聂紫艺就正式改名为聂耳了。

对一个自幼喜爱吉乐歌舞，年纪不到19岁而又处于失业困扰中的青年讲来，聂耳能进入这样一个"专业""艺术"的团体，其领导人又是他在中学期间经常习演的《三蝴蝶》《月明之夜》《葡萄仙子》等儿童歌舞剧的作者、大名鼎鼎的黎锦晖，毕竟是给他展示了一个意想不到的、将来可以成为专业音乐家的新天地。过去，他只不过是业余爱好音乐玩意，从未得到任何正规的训练，现在他所面临的问题是如何在这样一个"专业"歌舞班的乐队中站住脚。显然，在音乐专业上，特别是小提琴的演奏上，认真提高自己的技艺是当务之急。为此，他抓紧每天的提琴基本练习，先是向社内的"小老师"王人艺请教，王人美的二哥王人艺是聂耳的专职小提琴老师。于是，人们常常看到师徒二人认真地矫正指法，"错了""又错了"，德沃夏克的《幽默曲》时断时续。"小老师"与聂耳同龄，平常为人很随和，教琴却毫不马虎。19岁的聂耳，刚刚摸琴，连乐谱都看不懂，哪里懂什么对位、和声，"小老师"有点急了。但聂耳可不傻，他知道自己碰上了好老师。"一定能学会，"他对自己说。吃罢晚饭，大家都结伴去逛"四马路"，到"大世界"看杂耍，聂耳却一声不吭，躲进房间练琴。他要完成自己的业务指标：一天至少"恶补"7个小时的琴。后来又跟随一位意大利籍私人教师帕杜施卡学习。尽管向外籍教师学习每个月学费几乎占了他一半月薪，弄得他经常向人借贷或靠典当衣物维持开支，但他从不间断学习。"拼命三郎"聂耳很快出名了。其时，电影和戏剧往往裹挟在一起。一套演员班底，一会儿在舞台上演话剧，一会儿又聚集的水银灯下。这样做，虽出于制片商节省成本的策略，客观上却锻炼了演职员。比如王人美在电影《风云儿女》中除饰演女主角之外，还要唱主题歌。拉小提琴的聂耳，也要时不时上场扮个什么卖油炸臭豆腐的小贩；或者涂一身黑墨，扮成黑人矿工。他善于模仿的表演才能已是尽人皆知。1959年，赵丹在电影《聂耳》里出演聂耳时，还不止一次地谈及当时的往事。出入"明月"的都是上海滩演艺界的知名人物，蔡楚生、孙瑜、

聂耳纪念馆

卜万苍、金焰、郑千里、王人美、黎莉莉、白丽珠、赵丹、周璇、阮玲玉等等。近观名人，聂耳才体会到什么是"风头正健"。星光照耀之下，起初投身于此只为谋生的聂耳，眼界一下子开阔起来。与此同时，他还经常去听上海的各种音乐会，其中给他留下较深印象的是当时上海英租界的工部局管弦乐队演奏的许多西洋交响音乐名曲，世界著名小提琴家海菲兹来华的独奏会以及我国著名琵琶演奏家朱荇菁的独奏等。此外，通过唱片欣赏、音乐演出以及阅读音乐书籍等途径他也逐渐熟悉了大量中外音乐名作，扩大了自己音乐的视野，丰富了音乐知识和修养。以后，他又开始了对钢琴弹奏、和声学、作曲法等的自学，这时他已具有强烈的音乐创作的欲望，这从他的日记中可以看到。1932年1月他就开始了音乐创作的尝试，他先后写过一首小提琴曲《悲歌》、两首口琴曲《进行曲》与《圆舞曲》（小提琴曲谱已遗失）。

1931年7月初，聂耳参加了"明月歌舞剧社"在上海北京大剧院的演出。这是聂耳第一次在上海登台表演。那几天天气很热，每天要求连演3场，大家实在有些吃不消。但他们连续演了整整4天，总共才得到6元钱的报酬。为此，聂耳在7月4日的日记中写道："资本家的剥削，着实是无微不至啊！""细想一下，这种残酷的生活，也不亚于那些赤膊露体的工人们大汗淋漓地在那高热的机械下苦做着。"1931年7月10日，聂耳已离开家乡到上海谋生整整一年了。在这一天，他自我反省道："在这一年中，我的生活虽有小小的变迁，但仍不如我计划中一年应有的进步。"他感到自己"背驰了原定的路线"，"放松了某一种中心思想的发展"，认为头等重要的事情应该是学习革命理论，用马列的思想来武装自己。他开始制订学习计划。当他开始实施这个计划时，他感到了"从没有过的愉快"。他兴奋地在日记中用英文写道，"现在的聂耳，已不是过去的聂守信"！他如饥似渴地学习了《反杜林论》等马列著作，思想上取得了很大的收获。1931年九一八事变后，日本帝国主义侵占了我国的东北

聶耳墓

三省，这给聂耳的思想以极大的震动。他敏锐地认识道："日本帝国主义的侵略，全是有准备、有计划的。"对于当时某些舆论所谓中日之间"不过是下级警民的冲突，日政府对中国是没有一点敌意的"等论调极为不满，对当时有人把希望寄托于"国际联盟"调停的愚蠢想法更是嗤之以鼻。那时的所谓"国联"，哪里会站在中国的立场上为中国人民说话？忧国忧民的聂耳不断地听到国土沦丧的消息，"心里很不好过"，以至于"这些消息代替了早点，午饭减少了一大半"。紧接着1932年上海爆发了"一·二八事变"。1月28日这一天，日军大举进攻上海。国民党政府仍然采取不抵抗政策，下令将有抗日要求的十九路军调离上海。由于命令尚未到达时，日军已开始发动进攻了，英勇的十九路军官兵们没有走，他们在爱国将领蔡廷锴、蒋光鼐的率领下，不顾蒋介石的禁令，奋起抗击敌人。他们顽强坚守了一个多月，毙敌万名，迫使日军三易其主帅。最后终因寡不敌众，加之国民党政府的破坏，被迫于3月1日撤退，日军随即占领了上海。这对聂耳的思想有了更直接的触动。他十分同情那些受到战火摧残而逃难的同胞，"看了这些惨痛的景象心里更难受起来"，"不知他们怎样去找一块安息的土地?!"他认识到："和日军抵抗的华军是十九路蔡廷锴的，他们曾几次被调遣赴湘、赣'剿共'，但他们死守上海。现在既有这样的机会，当然只有和倭鬼干一干，要比打自己弟兄好得多，这也是他们唯一的出路。"在十九路军英勇作战期间，聂耳和一切爱国的热血青年一样，积极参加了各种配合抗日斗争的活动。他曾只身一人冒着枪炮到战区拍摄照片，偷偷地将一艘日本大兵舰完整地拍摄下来。这张照片至今还保留在聂耳的日记里。这是珍贵的历史资料，也是日本帝国主义侵略中国的铁证。上海失守了，民族危亡的严酷现实使聂耳猛醒，促使他严肃地思考自己的艺术观和应走的道路。他对自己曾一度脱离革命斗争，单纯追求音乐艺术的倾向做了无情的批判。帝国主义的侵略、人民的苦难、民族的危亡、统治当局坚持反共卖国的反动政策以及革命书刊、进步思

潮的影响，促使聂耳严肃地思考自己的艺术观和应走的道路。他逐步认识到作为一个革命的艺术家必须站在大众的立场上去要求自己、正确处理自己跟社会、时代的关系。他在日记中写道："着实，现在我必须要这个（按大众化的立场）来指导一下对音乐正当的出路，不然，自己想着有时的思想居然和社会、时代冲突起来，这是多么危险的啊！"在"一·二八事变"发生后的第十天，即1932年2月7日，向自己提出了"怎样去做革命的音乐"的问题。他质问自己："一天花几个钟头苦练基本练习，几年，几十年后成为一个小提琴演奏家又怎样？你演奏一曲贝多芬的《奏鸣曲》能够兴奋起、可以鼓动起劳苦群众的情绪吗？""不对，此路不通、早些醒悟吧！你从前是怎样一个思想？现在居然如此之反动！"聂耳逐渐悟出自己和"明月"这个团体有着不同的方向，对这个团体所定的道路开始有了质疑，对当时中国歌舞界、电影界所面临的客观情况有所警惕，对生活在这些团体中的那些青少年女演员的可悲的命运感到忧虑和同情。

徘徊在北京

1932年8月，聂耳离开上海来经天津到北平（今北京），希望能在这个久已向往的古都谋得一个新的职业，或实现自己长期梦寐以求的上大学的愿望。聂耳在北平期间，住在宣武门外校场头三条的云南会馆里，在那里，他接触了许多云南的旧友，如许强、陈钟沪、李纯一、杨哲夫、何宏远、张鹤（天虚）、陆万美等。刚到北平的第二天，一个叫马匡国的人就请聂耳到青云阁听大鼓看杂耍。对此，聂耳心存疑惑，倍加警惕。他知道马匡国这人是一个血债累累、心毒手狠的特务骨干分子，曾于1926年从云南到南京参加了国民党办的中央政治学校第一期的学习。1927年被派回云南担任侦缉队长，专门从事破坏革命组织、逮捕、拷打革命者的罪恶活动。这个时候，他来北平干什么呢？据他自己讲是来"投考大学深造"。可谁相信这个已三十四五岁的特务头子真是来考大学呢？面对这一情况，聂耳决定先稳住和麻痹敌人。于是，尽量避免与进步人士接触，而是在朋友的陪同下，去游览北平的名胜古迹。聂耳与几位云南同乡先后去了中南海公园、北海公园、万牲园、颐和园和香山公园。他们在一起喝茶、讲故事、拉琴唱歌、回忆家乡云南美丽的风景，心情无比舒畅。聂耳还经常深入天桥等贫民区，了解下层人民的生活，搜集北方民族和民间音乐素材，体察劳苦大众发自内心的呼声。"钻入了一个低级社会。在这儿，充满了工人们、车夫、流氓无产阶级的汗臭，他们在狂吼、乱叫，好像是疯人样地做出千奇百怪的玩意儿，有的在卖嗓子，有的在卖武功，这些吼声，这些真刀真枪的对打声，锣鼓声……这是他们的生命的挣扎，这是他们向敌人进攻时的冲锋号。"最使聂耳难忘的，还是"清华之行"。清华大学、燕京大学是聂耳中学时代早已梦寐以求的高等学府。如今去参观了清华，聂耳由衷地感叹道："'清华'的环境着实太好了。我幻想着要是我现在是里面的学生，我将会很自由地跑上大礼堂去练习音乐，到图书馆去读书，到运动场去打球，一时思潮起伏，追忆起学校生活的乐趣。"但是，当聂耳了解到北平日益高涨的学生运动和左翼文艺运动的情况后，他又对自己究竟应该立即投入实际斗争还是专心去上学，仍然拿不定主意。"我想到若是进了北平大学艺术学院，重新过学生生活，这会使我感到何等的悠闲，更想到以后来参加'清华'的乐队演奏。但是，回头想想过了两三年的平静生活以后将怎样？算了吧！还是不要异想天开！""老实说，考什么学校？我何必要这样软化下去？试问我进3年的学校比做3年的事是哪一样的希望大些?！我决定了，决定回上海去……"更坚定了"回上海"投入左翼电影运动的决心。

但是在袁春晖和郑雨笙的鼓励下，聂耳还是决定报考北平大学艺术学院。自从中师毕业后，聂耳已有两年多时间没有接触与这次考试有关的那些专业基础课程了。在上海工作时又没有时间进行系统的学习，来到北平后，云南会馆那里地方小，人员多，没有一个安静的学习环

聂耳雕像

境。加上他来北平后不久就患了严重的痢疾，很长时间不见好，直到报考前几天也没有完全恢复健康。由于以上种种原因，聂耳没能扎扎实实地复习功课。9月13日，聂耳到艺术学院报了名。"明天要考试了，什么也没有预备"，聂耳焦急万分。9月18日，是日军侵占东北三省一周年。上午，聂耳和许多进步青年一道，前往天安门参加市民大会，谴责日本帝国主义的侵华罪行。但街上戒备森严，分布在天安门附近的军警更是三米一岗，五步一哨的。雄伟的天安门城楼下已聚集了许多群众，但紫禁城的门却紧闭着。大家明白，群众的正义集会又被统治当局严令禁止了。这一天，也是聂耳最痛苦、最失望的一天。艺术学院的考试结果已经出来了。录取榜上没有聂耳的名字，这对聂耳来说是个极大的打击。这是他

聂耳雕像

平生投考学校第一次落第！他过去考学，无论是考初中、考师范，还是到上海投考联华音乐歌舞学校，统统都是以优异的成绩被录取。然而这一次，他的的确确是彻底"失败"了。他苦恼、痛心。朋友们纷纷鼓励他，安慰他，并告诉他：在失败面前最重要的是不能失去信心！事后，他进行了深刻的自我反省，终于悟出了一个道理：无论做什么事，一定要有坚定的信念，顽强的毅力，做出艰苦的努力和充分的准备，千万不能有丝毫的侥幸心理，更不能靠碰运气。从这次失败中，聂耳得到了有益的启示。

没有考上艺院，聂耳更加勤奋地自学起来了。经友人介绍，聂耳决定到北平当时著名的俄国小提琴教师托诺夫门下进一步深入地学习小提琴的演奏。在严师面前，聂耳不敢有丝毫的松懈，往往从上午8点一直练到下午4点，整整拉8个小时！他还买了《音乐通论》《音乐的性质和演奏》等书，常常一直看到深夜，实在是爱不释手。由于聂耳刻苦的训练和认真的准备，每次到托诺夫那里去上课，成绩都非常好，受到托诺夫的称赞，他说他"顶喜欢这样的学生"。但是，当时聂耳没有工作，因此也没有什么经济来源，生活十分拮据，而交给老师的学费却很贵。聂耳想，只要自己努力，练出好成绩来，请教师免费教学的计划就大有实现的可能，这样也可以激

励自己非用功不可。若是连续3个星期不出错误，老师满意的话，那就好向老师开口了。聂耳在学习音乐艺术的同时，并没忘记和远离火热的斗争生活。他通过上海"左翼"戏剧家联盟，很快与北平剧联的同志取得了联系，参加了他们的演出活动，曾在高尔基的独幕剧《血衣》中扮演了一个老工人的角色，给大家留下了深刻的印象。10月28日，清华大学邀请北平剧联去演出，聂耳准备的节目是用小提琴演奏《国际歌》。他心中异常激动，因为这是他到北平后第一次公开登台演出。当时的会场内充满了激烈的斗争，空气很紧张，台下的右派学生不断地起哄捣乱，有的还往台上扔石头。担任钢琴伴奏的人被吓跑了。聂耳不畏强暴，仍然坚持用小提琴把这首无产阶级的战歌演奏完。那响亮有力的琴声和《国际歌》激昂奋进的旋律，鼓舞着数以千计的爱国学生。大家随着音乐声心中默唱着："起来，饥寒交迫的奴隶！起来，全世界受苦的人！满腔的热血已经沸腾，要为真理而斗争……"场内的秩序好极了，那些离乡背井的学生，更是感奋不已，心潮难平。

这期间，还参加了北平"左翼"音乐家联盟的组建工作，协助他们草拟组织大纲，召开成立大会，为北平音乐家联盟的尽快成立做了许多事。与"左翼"组织的频繁来往和参加各种进步文艺活动，使聂耳受到莫大鼓

聂耳故居

舞和鞭策，他感到自己的前途有了新的目标和希望。他曾写道："半年的北平生活，把我泛滥洋溢的热情与兴趣注入正流的界堤。"聂耳曾希望留在北平，并为此做过努力。他去找在北平私立美术学院教书的同乡王丹东，请他想办法给自己谋个教书的位置，这样，一来可以使最基本的生活条件得到保障，二来可以有学费继续到托诺夫那里去学小提琴。王丹东也尽力为他争取，把聂耳的情况向学校领导作了推荐，向学生做了介绍。学生们普遍对聂耳的热情诚恳，演奏艺术上的纯熟和所富有的感染力很有好感，一致向校方表示欢迎聂耳来教小提琴。

但院长得知他从事过许多进步活动，怀疑他有什么"政治色彩"，因而坚决不收。这对想在北方学生的火热斗争中继续锻炼成长、多做贡献的聂耳来说，又是一次打击。聂耳无法再在北平生活下去了没能进入大学学习，又找不到合适的职业，经济来源早已断绝。冬天到了，北平的天气已十分寒冷，而聂耳的棉衣还在上海的当铺里。北方的冬天，没有棉衣怎么能度过呢？正在这时，聂耳收到了一封上海朋友的来信，告诉他"联华影业公司"需要他回去工作的消息。就这样，聂耳于1932年11月8日重新回到了上海。找到了田汉，转交了北平"剧联"的信件。应朋友之邀，聂耳进了当时上海的联华影业公司。开始说是让他当演员，后来又说是搞剧务、管服装，又临时派他担任过场记。聂耳对这一切都感到很生疏，但想到生活的转变，觉得很有味。从此，聂耳进入了上海的电影圈，他日后许多著名歌曲，都是为影片所创作的插曲。聂耳回到上海的第三天，就冒雨到田汉的住处，并找到了夏衍等人，将北平"剧联"一年来的工作报告和介绍他入党的介绍信，交给了党组织。聂耳进入联华影业公司后，更加积极主动地完成组织上交给的工作，无论什么事都抢着干，从不分"份内""份外"。闲暇时间，他刻苦学习文艺理论、学习音乐、学习外语。因而深得组织上的信任和同志们的支持与喜爱。

辉煌的创作之年

1933年初，经中国"左翼"戏剧家联盟负责人田汉、赵铭彝介绍、夏衍监誓，聂耳光荣地加入了中国共产党。后来，赵铭彝教授回忆说："1932年，根据当时党提出的要在文艺界发展党员的指示精神，结合聂耳平时的表现，上海'剧联'当时考虑可以接收他入党。1933年初，就由我负责开门见山地找他谈话。聂耳听后很高兴，立即表示愿意加入党组织。于是叫他写了一份简历，不久就由我和田汉介绍，正式加入了中国共产党。"据夏衍回忆，聂

聂耳像

1933年聂耳与田汉合影

耳的入党宣誓仪式，是在联华影业公司一厂的一个摄影棚的角落里举行的。临时找不到党旗，就在纸上画了一面党旗来代替。当时，正是日本帝国主义不断侵占我国领土，民族危机日益深重的年代，也是国民党反动派对革命人民实行军事"围剿"和文化"围剿"最疯狂的时期。在此民族矛盾、阶级矛盾交织，白色恐怖最为严重的情况下，聂耳毅然以一个民族战士和阶级战士的姿态站在斗争的最前列，决心为党和民族的事业贡献出自己的一切。

入党后，聂耳的文艺思想有了进一步的提高，他认识到："音乐和其他艺术、诗、小说、戏剧一样，它是代替着大众在呐喊。大众必然会要求音乐的新的内容和演奏，并作曲家的新的态度。"他决心拿起音乐这个战斗武器，为无产阶级和人民大众服务。从1933年入党到1935年这两年多的时间里，聂耳的艺术才华得到了充分的发挥。他以高昂的革命热情，成功地创作了30多首充满战斗激情和富于劳动人民感情的乐曲。这短短的两年，是聂耳一生中最为充实、多彩和最为辉煌灿烂的时期。

聂耳在联华影业公司担任场记时，曾主动热情地做一些"份外"的工作，协助导演和演员很好地完成电影的拍摄。在拍摄影片《除夕》时，有两个演员需要表演一段因生活所迫，不得不一同投江自杀的情节。但是重复拍了几次，演员总是酝酿不起悲愤绝望的情绪来。聂耳便想出了用音乐感染演员的办法，他在拍摄现场拉起了小提琴，那悲凉的曲调，是他即兴创作的。哀怨、凄惨的气氛顿时笼罩了整个场地，在这如泣如诉、悲痛欲绝的琴声的强烈感染下，两个演员很快进入了角色。只见他们双双呆立着，用绝望的目光望着曾经给他们带来过一些温暖的家，泪如泉涌，无言地诅咒着那吃人的黑暗社会。突然间，他们像失去理智似的冲向江边，一同投入了那滔滔的江水之中……导演对这段表演极为满意。这组镜头拍完之后，女演员陈燕燕仍坐在雪地上，静静地流泪不止，久久地没有从她所扮演的角色中走出来。

导演和演员都十分感谢聂耳，更钦佩他的聪慧多才。

聂耳为人直率热情，又十分幽默风趣，加之他对各种社会活动的热心参与，在"联华"以致在整个上海电影界深得人心。在联华影业公司一厂，他除了担任场记外，还担任了音乐组主任、俱乐部执行委员兼秘书、剧本起草委员会委员等职务。在厂外，聂耳是中国电影文化协会的常委兼组织部秘书，还参加了苏联之友社音乐小组，和任光等人一起发起组织中国新兴音乐研究会，共同研究音乐理论和创作问题。他在日记中这样写道："近来差不多每天都在过开会生活，……前天从早晨开到深夜一时。'联华'航捐会执委、话剧剧本起草委、音乐组主任、联华一厂俱乐部执委、秘书、中国电协组织部秘书、电协组长、电游艺会筹备委员、中国新兴音乐研究会发起人。戏剧方面，公司工作，自己练琴、看书、运动、作曲、教唱歌、写信等，便是我的日常生活。"在这极为繁多的工作压力下，聂耳还挤出时间为报纸杂志写了一些文艺短评、电影剧本和电影故事。

此外，他还经常随"左翼"剧联到工厂、学校开展活动。一次，他随"左翼"剧联的剧团到上海郊区，用上海话为农民和学生演出反帝话剧，受到热烈欢迎。1933年2月的一天，聂耳终于在上海霞飞路（今日的淮海路）上租到了一间自己的小屋。他在当天的日记中写道："上午搬家，高兴极了！布置新屋，处处都讲究美。"那是一幢临马路的三层楼房，聂耳住在第三层。房子里很明亮，聂耳把它布置得既美又朴实：一张木床，一个藤编的书架，一张五屉书桌，一个洗脸盆架，两把木椅，一个茶几，墙上挂着几幅照片。有了一间独居的房子，聂耳觉得工作和生活都方便了许多，但经济上却更加紧张了。他当时虽然身兼数职，担任许多工作，但每月的工资只有28元，后来调整到30元，可每月的房租要10元，伙食费10元，车费、零用10元，其他杂费4元，反而入不敷出。没有别的办法，"只有赶紧想法生产"！靠写剧本、写文章、当演员、教授提琴等挣点收入。有时候，还不得不向公司或朋友借钱用。由于聂耳对戏剧电影表演的兴趣和才能，他曾先后在不少影片中扮演了不同的角色，如账房先生、医生、小提琴手、小商贩、矿工、船夫等各种群众角色。

1933年夏天，联华影业公司一厂拍摄影片《母性之光》。聂耳除了担任场记外，还为该片创作了一首电影插曲《开矿歌》（田汉作词），这是聂耳写的第一首电影歌曲，表现了矿工的苦难和反抗：我们在流血汗，人家在兜风凉；我们在饿肚皮，人家在餍膏浆；我们终年看不见太阳，人家还嫌水银灯不够亮。……我们大家的心，要像一道板墙；我们大家的手，要像百炼的钢。……我们造出来的幸福，我们大家来享！聂耳创作的这首电影歌曲，得到了专家和群众的高度评价："这里，唱出了阶级的矛盾，也唱出了工人的团结和他们的革命向往。聂耳以蓬勃的朝气，激扬的旋律，出色地表达了工人阶级的精神气质。在影片中，歌曲配合着南洋矿工的劳动画面，给人留下了深刻的印象。《开矿歌》开创了我国30年代革命电影歌曲的先声。"联华影业公司当时规定，公司职员除了担负自己的本职工作外，还要根据需要，随时准备担任各种群众角色。电影《母性之光》中有一个黑矿工的群众角色，化装时必须用颜料把全身涂黑。这样一个苦差事，当时没有一个人肯干。聂耳主动承担了这个角色，并以严肃认真的态度和出色的表演，成功地塑造了这个工人阶级的银幕形象。拍摄结束后，许多人都向他表示祝贺。

拍摄电影《渔光曲》时，导演蔡楚生因故不得不临时请聂耳饰演一个在海难中幸存的渔夫，聂耳毫不犹豫地答应了。他虽然没有什么准备，却演得真切实在，十分投入，使得全剧组很顺利地完成了这场戏的拍摄工作。这时，聂耳不幸病倒了，扁桃体发炎，体温高达40度，饮食难进。更不幸的是，他们拍摄的电影胶片冲洗出来后，发现聂耳所演的那段戏的底片很不清楚。大家考虑到聂耳当时的身体状况，都主张不去补拍了。但当聂耳得知这一情况后，却坚持非补拍不可，甚至从床上爬起来又跳又唱，以表示自己"没病"！大家怎么劝也无济于事。于是，第二天大家只好担着一份心，到海边补拍聂耳的戏。聂耳在烈日下汗流浃背地坚持工作了近4个小时。为了不让大家替他担心，他丝毫没有流露出疲惫和痛苦的神色。但当工作圆满完成时，他已劳累不堪，本已严重的病情更加重了。聂耳对工作高度负责和吃苦耐劳的敬业精神，给人们留下了极其深刻的印象。除去《母性之光》和《渔光曲》两部片子外，聂耳还在歌剧《扬子江暴风雨》中扮演了打砖工人老王，在影片《小玩意》中扮演了卖油炸臭豆腐的小商贩，并在电影《城市之夜》和《体育皇后》中扮演过不同的角色。在音乐创作上，这一时期聂耳除了为电影《母性之光》写了插曲《开矿歌》外，还为话剧《饥饿线》写了插曲《饥寒交迫之歌》（董每戡词）、为电影《渔光曲》配乐等。他还为女报童"小毛头"写了歌曲《卖报歌》（安娥词），后来又写了《卖报之声》。

1922年6月15日苏州盘门一户杨姓人家生下了一个女婴，她就是后来的"小毛头"。杨家生育了6个子女，只活了两个女孩。"小毛头"是小女儿，她7岁时父亲病故，1931年"小毛头"跟随母亲、姐姐和姐夫逃难到上海，先住在闸北。"一·二八"淞沪抗战，日军轰炸闸

北，全家再逃到租界内，住在法租界八仙桥附近，后来又搬到吕班路顾家弄顾家宅（今重庆南路26弄内）。在旧时上海滩的马路和街上到处可听到"卖报！卖报！"的叫卖声。为了吃饭，"小毛头"的姐夫把一件皮大衣卖掉再凑点钞票做本钱，去批来报纸，由母亲和姐姐到吕班路霞飞路口（今淮海中路）摆了个报摊。"小毛头"也跟着卖报。1933年冬的一段时间里，在上海的霞飞路上，聂耳经常看见那个拖着两条黑辫子，长着一对大眼睛10岁的"小毛头"，每逢电车到站，她就挤在下车的人群中，挥动着冻红的小手大声喊着"卖报、卖报"。她那稚气可爱的样子和有几分凄楚的声音，深深打动了聂耳。

有一天"小毛头"饿得头昏眼花，摇摇晃晃的时候，一辆电车靠站，一批人从电车上涌下来，"小毛头"被撞倒在地，头上起了血泡，手上的报纸散乱一地，"小毛头"坐在地上大哭起来，这时一个陌生的叔叔帮她拾起了报纸，还扶她起来，把弄脏的报纸都买走了：这人就是聂耳。聂耳回到住处，心情久久难以平静，他一口气为"小毛头"创作了一首《卖报歌》："啦啦啦！啦啦啦！我是卖报的小行家，不等天明去等派报，一面走，一面叫，今天的新闻真正好，七个铜板就买两份报。……大风大雨里满街跑，走不好，滑一跤，满身的泥水惹人笑，饥饿寒冷只有我知道。……痛苦的生活向谁告，总有一天光明会来到。"不久卖报歌传唱至大街小巷。

"1934年是我的音乐年。"聂耳以自己在音乐创作上的辛勤劳动实现了他在年初的预言。1934年4月1日，聂耳在上海左翼文艺组织的帮助下，正式进入了英国人经营的"东方百代唱片公司"音乐部，协助任光、安娥担任收音、教授唱歌、抄谱、作曲等工作。后来又升任该厂的音乐部副主任（任光为主任）。尽管当时反动政府对报纸、杂志、电影实行着严格的审查与控制，但由于百代唱片公司是外国人办的，他们也不便进行干涉。而外国老板的原则是只要赚钱就行，其他事很少过问。聂耳他们利用这一方便条件，在发行电影歌曲、流行歌曲的

同时，也发行了大量革命歌曲，仅聂耳的歌曲就有20余首灌制了唱片。民间器乐曲《金蛇狂舞》《翠湖春晓》《山国情侣》《昭君和蕃》等，都是由聂耳根据民间乐曲改编后灌制成唱片的。这是聂耳对继承和发展我国民族民间音乐做出的一项贡献。在百代公司，聂耳还组织了一个"森森国乐队"，虽然只有5个人，但也公开演奏，很受欢迎。6月30日，"左翼"剧联在上海演出了由田汉编剧的新歌剧《扬子江暴风雨》。聂耳为这部歌剧创作了歌曲《码头工人》歌（百灵作词）、《打砖歌》（蒲风词）、《打桩歌》（蒲风词）和《苦力歌》（田汉作词，后改名为《前进歌》）。

聂耳创作《码头工人》歌时，经常到上海的码头去观察与体验码头工人的生活，与工人一起谈心，一起劳动，一起哼着劳动的号子。早在"云丰申庄"时，商号就位于黄浦江码头旁。聂耳从早到晚都能听到码头工人在搬运沉重的货物时，所唱的雄壮有力的劳动号子。他曾因此而写道："一个群众吼声震荡着我的心灵，它是苦力们的呻吟、怒吼！我预备以此动机作一曲。"如今，聂耳亲眼看到码头工人们一边喊着"哎伊哟嗬"的号子，一边汗流浃背地背着大麻包，扛着木箱子艰难地前行。聂耳把自己亲身感受到的码头工人的呼喊声融汇到新创作的歌曲里，谱写出了反映工人阶级心声的旋律。聂耳在百代公司组织的"森森国乐队"以演奏中国民族民间音乐为主，英国老板对此不很满意，提出要扩充并转为以搞西洋音乐为主。另外，聂耳他们所录制的进步歌曲，在群众中起到了抵制庸俗音乐泛滥的作用。聂耳的这些活动，却遭到了百代唱片公司老板的非难。1934年，党直接领导下的电通影片公司成立了。电通公司拍摄的第一部影片是《桃李劫》，著名的《毕业歌》（田汉作词），就是聂耳为这部电影创作的主题歌。电影《桃李劫》讲述了这样一个故事：建筑工艺学校的高才生陶建平，毕业后满怀着为社会、为大众服务的决心，来到了某轮船公司工作。由于他正直、坦诚，坚持原则，极力反对为了经济利益而让轮船超载的做法，因此与公司经理发生冲突而丢掉了职业。为了维持生活，他的妻子只好出去找工作。这时，陶建平的同学给他谋到了一个建筑师的位置，但不久他又发现了厂主偷工减料而不顾公众生命安全的可恶行径。正义的火，又在他的心里燃烧起来，他找厂主提出抗议，回答他的是几句侮辱的语言和一记耳光。他又失业了。为了生活，他到造船厂去做苦工。妻子病重，他没有钱为她治病只好偷了厂里几块钱，但妻子还是死了。陶建平含泪将自己的孩子送到了育婴堂。当他回来时，警察和厂里的会计已经等在他家里，他被判了死刑。一个风华正茂的有为青年，就这样被黑暗的

社会毁灭了。《毕业歌》是一群充满激情，对未来充满美好憧憬的建筑工艺学校的学生们，在毕业典礼上高唱的歌：同学们，大家起来，担负起天下的兴亡！听吧！满耳是大众的嗟伤，看吧！一年年国土的沦丧！我们是要选择"战"还是"降"？我们要做主人去拼死在疆场，我们不愿做奴隶而青云直上！我们今天是桃李芬芳，明天是社会的栋梁；我们今天是弦歌在一堂，明天要掀起民族自救的巨浪！巨浪！巨浪！不断地增长！同学们！同学们！快拿出力量，担负起天下的兴亡！歌曲热情洋溢、激昂嘹亮，不仅揭示了当时的民族矛盾和危机，也提出了青年参加民族生存斗争的使命。从此，《毕业歌》作为抗日救亡的著名歌曲，传遍了长城内外，大江南北，尤其在广大青年学生中，引起了强烈的反响和巨大的共鸣！他们在进行抗日宣传时唱着它，在投笔从戎时唱着它，在浩浩荡荡的游行队伍中唱着它，在抗日杀敌的战场上也唱着它！

在党的领导下，"左翼"电影工作取得了很大的成绩，沉重地打击了国民党反动派的文化"围剿"，敌人恼羞成怒。1933年11月12日，国民党的法西斯组织"蓝衣社"的特务们，在上海当局的指使下，砸毁了曾经拍摄过进步影片的艺华影业公司。同时发出通告，禁止各影业公司及电影院拍摄和上映进步影片。聂耳在联华影业公司老板的眼里，早被视为"左倾"分子。1934年1月24日，公司老板以请聂耳"休养身体"为借口，将他辞退了。聂耳再次陷入失业的困难境地。1934年2月间，有人邀请他去参加江西南昌"中央怒潮剧社"的管弦乐队。由于当时他正处于失业状态，生活没有着落，那边所提供的待遇又比较优厚，于是聂耳就接受了这一邀请。但当党组织了解到该剧社与反动政府有着密切联系因而劝聂耳放弃此行时，聂耳立即毅然决然地听从了党组织的安排。他在2月24日的日记中这样写道："景光约我到南昌'怒潮'去，已经答应了又打了回票，原因是不应当去!"

1934年秋，聂耳承担了为影片《大路》配乐的工作，创作了著名的《大路歌》（孙瑜作词）和《开路先锋》（孙师毅作词）两首歌曲。孙瑜编导的电影《大路》，塑造了青年筑路工人的群像：自幼就做苦力的金哥、沉默刚毅的老张、粗莽笨拙的章大、千灵百怪的韩小六子、梦想着有一天能驾驶压路车的小罗和离别东北家乡到处流浪的青年大学生郑君。他们在一起生活、劳动，从不叹息失望。他们在都市里找不到工作，就到内地各处去修筑公路。在烈日下，他们挥着汗，挽着绳，拉起铁磙，高唱着郑君编写的《大路歌》："哼呀咳嗬咳! 咳嗬咳! 哼呀嗬咳吭! 嗬咳吭! 大家一起流血汗! 嗬嗬咳! 为了活命！哪管日晒筋骨酸。嗨咳吭！合力拉绳莫偷懒，嗨嗨咳！团结一心，不怕铁磙重如山。嗨咳吭！大家努力！一齐向前！压平路上的崎岖，碾碎前面的艰难！我们好比上火线，没有退后只向前！大家努力！一齐作战！大家努力！一齐作战！背起重担朝前走，自由大路快筑完。……"那时修筑公路，根本没有什么压路车，巨大的铁磙，全靠人力来拉，这是一项极其艰苦繁重的劳动。聂耳在创作《大路歌》的过程中，曾到上海江湾的筑路工地与工人们一起拉铁磙，切身体验他们的劳动生活，努力写出工人们艰辛的生活，内心的感受和一往无前的英雄气概。这首歌曲，也表现了中国的筑路工人抗日反帝的鲜明主题。《开路先锋》是影片《大路歌》的序曲。聂耳创作这首歌时，已迁至虹口区，租一间楼上的房子，楼下住着房东。为了抓住进行曲的节奏，他连续几个晚

上在房间的地板上踏着步子走来走去，嘴里哼着歌曲的旋律，而且不断地重复着歌曲一开始的"轰！轰！轰！哈哈哈……"的笑声，一直折腾到深夜。好几次把房东吵醒了找他提意见，聂耳总是满怀歉意地说："等我作好了这曲子，再向你赔罪。"经过几天夜以继日的苦战，《开路先锋》的曲子终于创作出来了。当他诚心诚意地去向房东赔罪道歉时，房东看他那质朴可爱的样子，再次谅解了他。

1935年元旦，上海的工人阶级和广大的民众，看到了新片《大路》，听到了《大路歌》和《开路先锋》两首工人阶级的战歌，它们以豪迈的歌词和昂扬的旋律，很好地表现了工人阶级团结奋进的坚强意志。"我们是开路先锋，不怕你关山千万重！几千年的化石，积成了地面的山峰。是谁，障碍了我们的进路，障碍重重？大家莫

聂耳纪念馆浮雕

叹'行路难',叹息无用,无用!我们,我们要,要引发地下埋藏的炸药,对准了它轰!看岭塌山崩,天翻地动!炸倒了山峰,大路好开工。挺起了心胸,团结不要松!我们是开路先锋!"1935年1月,聂耳重新进入联华影业公司,担任二厂的音乐部主任,同时为影片《新女性》创作了《新女性》(孙师毅作词)组歌。影片《新女性》由孙师毅编剧,蔡楚生导演。女主角韦明由当时的电影红星、深受观众喜爱的阮玲玉扮演。《新女性》通过韦明的悲惨身世,深刻地揭示了旧中国正直的知识女性被压迫、被侮辱的命运。影片控诉了旧社会的罪恶,对主人公的不幸遭遇寄予了极大的同情,同时也指出了她性格软弱的一面。与韦明相对照,编导们刻画了一个有觉悟的先进女工李阿英的形象,通过她,给人们指出了妇女解放的正确道路。为了创作《新女性》组歌,聂耳多次踏着晨霜夜露,长途步行到沪西的纱厂去观察体验女工们的劳动生活;深入到女工的家里,倾听她们的呼声,了解她们的疾苦,学习她们的语言。《新女性》组歌有6首歌曲:《回声歌》《天天歌》《一天12点钟》《四不歌》《奴隶的起来》《新的女性》。为了在这部影片的首映式上演唱好《新女性》组歌,聂耳专门组织起一个群众性的业余歌咏团体"联华声乐团",从考试录取,到辅导指挥,几乎全由聂耳一人负责。这一年的除夕夜,聂耳亲自指挥身穿女工服的"联华声乐团"的姐妹们，公开演唱了《新女性》组歌。……新的女性，要和男子们一同。翻卷起时代的暴风！暴风！我们要将它唤醒民族的迷梦！暴风！我们要将它造成女性的光荣！不做奴隶，天下为公，无分男女，世界大同！新的女性勇敢向前冲！台下响起了经久不息的热烈的掌声。许多女工观众热泪纵横，她们衷心地感谢聂耳为她们创作出了这样好的歌曲，感谢党领导下的左翼音乐工作者唱出了亿万民众的心声！

除《新女性》组歌外，聂耳还创作了一系列以女性为主题的歌曲，主要有《梅娘曲》（田汉作词）、《塞外村女》（唐纳作词）、《采菱歌》（田汉作词）、《铁蹄下的歌女》（许幸之作词）、《飞花歌》、《牧羊女》（皆为孙师毅作词）、《一个女明星》（安娥作词）等影、剧插曲，以及《春日谣》（鲁戈作词）、《茶山情歌》等群众歌曲。这一时期，聂耳也创作了部分儿童歌曲，如前面所讲的《卖报歌》、《卖报之声》（武蒂作词）、《雪花飞》（柳倩作词）、《小野猫》（陈伯吹作词）等。当代著名音乐家贺绿汀说：1934年至1935年"这一段时间是聂耳生命力最旺盛的时期。他充满着青春的活力，创作了许多革命歌曲，显示了一个真正的无产阶级革命战士的风貌。"

1935年3月，党领导的电通影业公司决定拍摄《风云儿女》。听说影片中有个主题歌需要作曲，聂耳便主动

跑到当时负责上海文艺领导工作的夏衍同志那里去"抢工作"。夏衍回忆说，1932年到1935年这短短3年中，"他不止一次地同我说：'有哪部电影要作曲？我在抢工作。'""我给他看了电影剧本（《风云儿女》），这个剧本的故事是他早已知道的，所以一拿到手就找最后的那一首歌，他念了两遍，很快地说：'作曲交给我，我干！'等不及我开口，他已经伸出手来和我握手了。'我干！交给我。'他重复了一遍，'田先生（词作者田汉）一定会同意的。'"电影《风云儿女》由田汉、夏衍编剧，许幸之导演，吴印咸摄影。影片中，青年诗人辛白华和大学生梁质甫是极要好的朋友。"九一八"后，他们从东北流

聂耳与母亲及兄长们的合影，摄于1923年昆明。

亡到上海。他们的邻居，是一个叫阿凤的穷苦姑娘和她的母亲，辛白华和梁质甫经常给她们母女以帮助。不久，梁被捕入狱，辛白华在仓促逃避中认识了一个有钱人家的寡妇，他们在一块儿过上了悠闲自在的日子。阿凤在母亲死后，参加了歌舞班到各地演出。梁质甫出狱后就北上抗日去了。青岛，阿凤与辛白华相逢，阿凤在歌舞班演唱的《铁蹄下的歌女》及好友梁质甫在古北口抗敌前线英勇牺牲的消息，终于使辛白华毅然舍弃了那桃花源式的安逸生活，走上抗敌的最前线，他和战友们一起高唱着《义勇军进行曲》，投入到华北的民族解放战争的炮火中。在筹拍这部影片时，著名剧作家田汉、阳翰笙等人已被国民党当局逮捕入狱。周扬和夏衍等仍在上海坚持文艺领导工作。1935 年初，夏衍参观了许幸之和吴印咸联合举办的绘画、摄影展览之后，建议许幸之接受电影《风云儿女》的拍摄任务。许幸之回忆道："夏衍同志把拍片任务分配给我的同时，把作曲任务分配给了聂耳。聂耳主动来找我，热情地对我说：'把作曲任务交给我吧！我保证好好完成！'这虽然是我们第一次见面，他那主动要求工作的作风，那种热情、坦率而又诚恳的年轻音乐家的气质，给我留下了很深的印象，使我感到他仿佛是一团火，在我面前燃烧着，连我自己的心也被他点燃起来。因此，我们初次见面，便一见如故地谈笑风

生了。"在创作中，聂耳告诉许幸之："为创作《义勇军进行曲》，我几乎废寝忘食，夜以继日，一会儿在桌子上打拍子，房东以为我发了疯，跑到楼上来大骂了我一顿。末了，我只有向她道歉了事。""没有把你赶走，或者把你送进疯人医院去，总算便宜你了。"许幸之笑着说。

4月里，在通宵拍片后的一天清晨，许幸之还在睡梦中，听到重重的敲门声，开门一看，是聂耳。他一跨进门，就举起乐谱兴高采烈地说："好啦！老兄！《义勇军进行曲》谱好了。"聂耳一手拿乐谱，一手在桌子上打着拍子，大声唱了起来：起来，不愿做奴隶的人们！把我们的血肉筑成我们新的长城。中华民族到了最危险的时候，每个人被迫着发出最后的吼声。起来！起来！起来！我们万众一心，冒着敌人的飞机大炮前进，前进，前进，前进！那激昂豪迈的旋律，深深地打动了许幸之的心。聂耳和许幸之研究、商量了一阵，征求了他的一些意见。最后，聂耳将歌曲末尾处，田汉所作词的原文"我们万众一心，冒着敌人的飞机大炮前进，前进，前进，前进！"改为："我们万众一心，冒着敌人的炮火，前进！前进！前进！进！"这是一份初稿，聂耳到了日本后不久，即把修改后的定稿寄回了国内。对此，田汉在《影事追怀录》一文中说：《义勇军进行曲》跟后来唱的略有出入，显然是作曲者加了工。……记得原是要把这主题歌写得很长的，却因没有时间，写完就丢下了，我也随即被捕了。感谢聂耳同志的作曲把这短短的几句话处理得非常豪壮明快和坚决有力。他的曲子充满着饱满的政治热情，在全国人民忍无可忍，迫切要求反帝抗日的时候，这几个简单的音节恰恰表达了千万人的心声。

《义勇军进行曲》在银幕上首次响起时，不幸正逢聂耳去世，但这支歌作为民族革命的号角响彻了中华大地，还享誉全球。在反法西斯战争中，英、美、印等许多国家电台经常播放此歌。战争结束前夕，美国国务院还将其列入《盟军胜利凯旋之歌》中。新中国成立前夕征集国歌时，周恩来就提出用这首歌，并在新政协会上一致通过。1949年9月，在中国人民政治协商会议第一次全体会议上，讨论了即将成立的中华人民共和国的国歌问题。周恩来同志首先提议采用《义勇军进行曲》，许多人也认为它铿锵有力和庄严昂扬的旋律，它在民族危亡时期所起的号召人民奋起抗争的历史作用，都是其他歌曲所不可比拟的。作为新中国的国歌，它是当之无愧的。毛泽东同志指出：我们今后仍然要继续为争取独立、谋求解放进行艰苦卓绝的斗争，人民还需要号召和鼓舞，只有这首歌曲能达到这样的目的。为了让人们能够不忘过去、能够更好地团结起来建设新中国，会议于1949年9月27日作出决议：将《义勇军进行曲》作为中华人民共和国代国歌。在1949年的开国大典和此后每年的国庆节，聂耳谱出的乐章都雄壮地奏响，这足以告慰亡逝于异国的英灵。1978年2月底，第五届全国人民代表大会第一次全体会议讨论认为，《义勇军进行曲》一直是作为代国歌的，会议决定为这首曲子填入新词作为正式国歌。以集体创作的名义填入的新词是这样的：前进！各民族英雄的人民，伟大的共产党领导我们新的长征。万众一心奔向共产主义明天，建设祖国、保卫祖国英勇地斗争！起来！起来！起来！我们千秋万代高举毛泽东旗帜，前进！高举毛泽东旗帜前进！前进！前进！进！1982年12月4日经第五届全国人民代表大会第五次会议讨论，认为田汉作词、聂耳作曲的《义勇军进行曲》反映的是民族灾难深重时期，唤醒人民奋起抗争的真实历史。居安应该思危，为了使人民不忘过去、不忘历史，更好地完成建设祖国的大业，应恢复使用《义勇军进行曲》原词、原曲。会议决定：以田汉作词、聂耳作曲的《义勇军进行曲》为《中华人民共和国国歌》。

前后4个月的时间，聂耳就为两部话剧、4部电影写了17首主题歌或插曲，而且几乎每首歌曲都有个性、特色，都受到广大群众的欢迎和经受了历史的考验，这在我国音乐发展史上是罕见的，标志着聂耳在艺术创作方面已经成熟！在他音乐创作十分繁忙、作品不断取得成功和在文艺界获得较高的声望的时刻他还在孜孜不倦地学习，通过贺绿汀的介绍，向吉专的俄籍教授欧萨柯夫学习钢琴和作曲理论。

聂耳墓

永生的号角

　　1935年遵义会议后，中国工农红军改变了退却、挨打的被动局面，不断战胜蒋介石在军事方面的"围、追、堵、截"，胜利地向着陕北根据地进军，这时，国统区的"左翼"文艺运动也经过与反动文化逆流针锋相对的斗争，走向新的高潮；同时，群众性的救亡抗日运动也有新的发展。在新的形势下，反动政府采用了公开镇压的手段来维持自己的统治地位。1935年2月19日，中共江苏省委和"左翼"文化总同盟先后被破坏，丁玲、田汉、阳翰笙、赵铭彝等"左翼"文艺家相继被捕。由于聂耳充满战斗激情的歌曲及蓬勃高涨的抗日救亡歌咏活动，引起了国民党反动派的恐惧和仇恨。4月1日，传来了聂耳也有被捕危险的消息。要在反动派动手之前设法逃离，唯一可靠的办法就是暂时跑到国外去。党组织为了保护奋发有为、赤胆忠心的聂耳，同时考虑到他渴望得到进一步深造的要求，决定让他出国去日本，然后去苏联和欧洲其他国家学习、考察。

于是，聂耳借口到日本与三哥一起做生意（他三哥早已离日返昆明），1935年4月15日，聂耳登上了日本轮船"长崎丸"。4月16日到达日本长崎。17日又到了神户，后从大阪乘车于4月18日抵东京。

出国前，聂耳就制订了在日学习考察的4个"3月计划"：第一个"3月计划"重点是突破语言关，同时进行大量的社会调查，结识日本文化界的进步人士，加强与本国"左翼"留日学生的联系，为开拓无产阶级的文艺

瞒着家人投奔国民革命军时期的聂耳（右），苦涩的军队生活使他的表情也显得灰暗。

阵地而努力。第二个"3月计划"是在坚持各项活动的同时，努力提高读书能力，加紧音乐技术修养，直到离开日本。第三个"3月计划"是开始翻译练习和进行音乐创作实践。第四个"3月计划"是开始学习俄文，整理已创作的作品，为学习考察提供了方便。聂耳初到日本时，白天忙于听课，从事各种社会活动，晚上抓紧时间进行《义勇军进行曲》和《新女性》组曲的修改定稿工作。5月初，他把《义勇军进行曲》的定稿寄回了国内。在日本的初期，聂耳除了设法补习日语外，进行了许多有关日本文艺活动的观摩、考察活动。他曾多次去观赏歌剧、话剧、舞剧及音乐会的演出，还参观了不少剧场和电影制片厂。他曾把自己的观感给国内发行的电影音乐刊物《艺声》写了《日本影坛一角》《法国影坛》《苏联影坛》等报导。6月20日，他曾应中国留日学生及"左翼"文化人士之邀，出席中国留日学生第五次"艺术聚餐会"，做了一次题为《最近中国音乐界的总检讨》的讲演；6月16日他又应邀出席了中日诗人的"诗歌座谈会"。

1935年6月2日，聂耳出席了在东京中华青年会馆举行的第五次留日学生艺术聚餐会，应邀做了题为《最近中国音乐界的总检讨》的讲演，历时两个多小时。他还演唱了《大路歌》《开路先锋》《码头工人》和《义勇军进行曲》。他的演说和演唱，深深打动了聚会上的中国留学生，他们说，聂耳不仅是一个进步的音乐家，还是一个演说家和社会活动家。在短短的时间里，聂耳结识了秋田雨雀、滨田实弘等日本文学艺术界的进步人士，通过他们与新协剧团、新筑地剧团等文艺团体建立了联系，观看了他们的排练和演出。为了更直接地了解日本剧团的演出情况，聂耳应邀参加了新协剧团去大阪、神户、京都等地的旅行公演。为此，他没有和绝大部分中国留学生一起去房州海滨避暑度假，而是通过新协剧团照明部主任李相南这位朝鲜友人的介绍，到了神奈川县藤泽市鹄沼海滨去洗海水浴，还准备登临富士山，然后赶到大阪与新协剧团的大队人马会合，参加演出。聂耳和李相南到藤泽市后，住在日本友人家里，他们几乎每天都去鹄沼海滨游泳。

7月16日，是聂耳第一个"3月计划"完成的日子。他在日记中写道："日语会话和看书能力的确是进步了，听了很多音乐演出，练小提琴的时间也比在国内多，提前实现了第一个'3月计划'。"正当聂耳满怀信心地准备进入第二个"3月计划"的时候，不幸的事情发生了。1935年7月17日，聂耳和朝鲜朋友李相南等4人一同去鹄沼海滨游泳，汹涌的海浪无情地夺去了聂耳年轻的生命。中国无产阶级音乐的先驱，天才的人民音乐家聂耳，逝世时年仅23岁。噩耗传来，全国人民表示了极大的悲

1925年聂耳全家合影

痛和哀悼。聂耳溺水身亡的1935年，正是日本逐步实行侵略中国计划之际。聂耳的死讯传回中国国内后，众多爱国人士和文化界人士，都为失去这样一位音乐天才而深感痛惜，纷纷在《晨报》《电通》《中华日报》《新音乐月刊》《大公报》等数十种报刊撰文纪念，共同怀念这位在中华民族最危险的时候，吹响了警醒号角的先锋斗士。8月16日，上海各界人士举行隆重的追悼大会，很多群众都自发地参加了悼念活动。人们唱着《义勇军进行曲》，以此来追思这位年轻的音乐家。郭沫若在悼念聂耳的诗中写道："大众都爱你的新声，大众正赖你去唤醒。……聂耳呀，我们的乐手，你永在大众中高奏，我们在战取着明天，作为你音乐报酬！"

1935年8月底，聂耳的骨灰和遗物由同乡好友张鹤、郑子平护送回上海。1936年由聂耳的三哥聂叙伦迎取回乡。1937年10月1日安葬在昆明西郊面对滇池的西山森林公园碧鸡山旁。1954年，中共云南省人民政府决定重修聂耳墓地，请郭沫若题写墓碑和墓志铭。这年2月，郭沫若书题"人民音乐家聂耳之墓"碑和墓志铭："聂耳同志，中国革命之号角，人民解放之声鼙鼓也。其所谱《义勇军进行曲》，已被选为代用国歌，闻其声者，莫不油然而兴爱国之思，庄严而宏志士之气，毅然而同趣于共同之鹄的。聂耳呼，巍巍然，其与国族并寿，而永垂不朽乎！聂耳同志，中国共产党党员也，一九一二年二月十四日生于风光明媚之昆明，一九三五年七月十七日溺死于日本鹄沼之海滨，享年仅二十有四。不幸而死于敌国，为憾无极。其何以致溺之由，至今犹未能明焉！"在郭沫若题写墓志铭的9个月后的11月1日，日本人在藤泽市鹄沼海岸聂耳遇难地附近，建立了聂耳纪念碑。

1963年，随着中日民间的贸易往来，藤泽市人民组建了聂耳纪念碑保存会。1965年重建了被海啸冲毁的聂耳纪念碑，并规定每年的7月17日为"聂耳祭"的日子。日本戏剧家秋田雨雀先生撰写介绍聂耳生平碑文，并请郭沫若题写纪念碑。郭沫若书题了"聂耳终焉之地"6个大字。1972年，中日建交。1980年5月，聂耳殉难地的

日本藤泽市官员在昆明市聂耳墓地手植云南名花杜鹃花和藤泽市市树——藤树，表达对聂耳的怀念之情，并希望两市以聂耳为纽带，建立友好城市。中共云南省和昆明市政府回应日本人的热情，决定迁葬、重建聂耳墓地。墓碑仍用郭沫若所题字。1964年5月1日，朱德同志为聂耳亲笔题词"人民的音乐家"。1985年，胡耀邦同志也为聂耳题词"人民音乐家聂耳"。在纪念聂耳逝世3周年之际，《新华日报》载文道："聂耳先生的歌曲能够有百万人传颂至今而不厌，绝不是偶然的事。那就是倘若聂耳先生的歌不能代表中华民族的吼声，不能代表千百万被压迫者反抗的呼声，那么他的歌早已就无人过问了。因为聂耳先生已认清了并且把握住音乐的政治性与战斗性，而同时更能从工作的实践中去体验被压迫大众、被压迫民族的呼声，且将那些无数的呼喊，通过了他的政治头脑与艺术手腕，组成一种巨雷似的音响。"夏衍先生在聂耳逝世20周年的纪念文章《永生的海燕》中写道："他真像暴风雨前的一只海燕，骤然而来，倏然而去，从1932年到1935年这短短的三四年中，用他豪迈明快、充满信心的歌声，对亿万受难的中国人民，表达了他对革命暴风雨的预感。""……聂耳的精神，聂耳创作的歌声，已经肯定地永生不朽了。"

聂耳，在中国人民伟大的文化事业中，在无产阶级新兴音乐的广阔天地里，他的确是一只雄健的鹰，高高飞翔的鹰，一只永远搏击长空的鹰。他是30年代中国乐坛的灵魂！是中国人民进行抗日救国伟大斗争的号角！是人民解放不屈斗争中的战鼓！是在中国"左翼"文化界音乐战线上向着敌人冲锋陷阵的一面伟大的旗帜！而聂耳的作品，则不仅唱出了大众的忧郁，而且唱出了大众的愤怒、大众的斗争和希望，唱出了时代的最强音，就因为他是同大众同呼吸、共命运，战斗在一起的，他走出了一条"时代的大路"。

英年早逝的聂耳，一生创作了35首歌曲和4首民族器乐曲。由于过分短促的生命和艺术经历，使聂耳来不及掌握更多更高的音乐创作手段，也来不及在更广的题材和体裁领域施展自己的创作才能。但他用自己生命的

聂耳在演奏小提琴

激情和无比的热忱，所谱就的旋律唱出了时代最强音，已越过了银幕和舞台的范畴，深深扎根于人民心中。他在这些作品中的真知灼见对中国的新音乐文化同人民革命与民族解放斗争的发展进程，有深远影响。半个世纪以来，聂耳的歌声无论在工厂、农村、学校、码头、战场，无论是祖国的四面八方、还是世界各国的进步人民中，都成为激励人们英勇斗争的最有力的战歌。聂耳所开创的中国革命音乐事业无疑取得了不朽的辉煌，他的人生匆匆却又永恒！中国的人民将唱着《义勇军进行曲》前进，再前进！

冼星海

顽强的毅力　不懈地追求

　　1930年初，在巴黎郊外的一个狭窄而又泥泞的街道上，一个衣衫褴褛、面容憔悴的东方青年徘徊着，徘徊着。来巴黎已经是第三个星期了，他还是到处流浪、奔走，找不到工作。这时一种强烈的愿望又驱使他来到了马德里路巴黎音乐院的门前——这是他多年来一直倾心向往的地方，可是现在他还没有资格进入。但是，能从外面望一望这威严耸立的大门，听一听里面传出

人民音乐家冼星海

的美妙歌声，也就满足了。就在这时，守门人急速地朝这个异国流浪汉跑过来，恶狠狠地横扫他几眼，然后像驱赶叫花子似的挥手把他赶走，这使他感到一阵阵揪心般的难受。

现在，肚子又在咕噜噜地叫了，他摸了摸口袋，只剩下最后的几个法郎了。这几天，他竭力控制着食欲，每顿饭只吃半个面包，但朋友们资助的一点钱还是很快地减少下去……这个远在异国他乡为生存而奔波，为理想而忍饥挨饿的青年，便是后来著名的音乐家——冼星海。

他仍茫然地走着，也不知道来到了什么地方，这没关系，对于一个流浪者来说，哪里都是一样。塞纳河水哗哗地流着，不远处传来码头上喧嚣的声音。他无意间瞥了一下街牌，心中突然一亮。在来法国的轮船上，曾有一个中国水手向他介绍过这个地方，这里有几家饭馆雇佣着一些中国人，也许能碰上一个机会找点工作。于是，他走进了一家饭馆，这里碰巧有个堂倌是个中国人，他得知冼星海的情况后，很是同情，他听老板说过饭店里要招雇杂役，便去和老板说了，老板让冼星海明天来试工。明天，还要明天吗，冼星海真是巴不得今天就留下来。

冼星海终于有工作了，当然这工作是又苦又累的。在这个以"自由、平等、博爱"的响亮的口号闻名世界

的国度里，劳动者的休息权是不受尊重的。这里的杂役，从早上5点钟起就要到奶厂和面包房取货，回来后得赶紧整理餐厅，迎接最早的一批顾客，接着就是上上下下收拾家具，提水搬菜，这中间还包括伺候老板一家五口人的吃喝。老板是一个有个挺大的酒糟鼻子的老头儿，他在战争中失去了一条腿，整天都坐在账桌旁读拿破仑轶闻，而把一切事务都交给了老板娘全权处理。老板娘大约有四十多岁，身材矮小、肥胖，但每天都打扮得花枝招展的，对待顾客娇声嗲气，好像来这儿的客人80%都是由于她的缘故。但对待手下的态度却极度恶劣，有时发起脾气来像头狮子。不过，老板娘对冼星海的工作起初是满意的，因为他不仅一个人能做两个人的工作，而且任劳任怨，同那些闹着要涨工资的其他雇员相比，冼星海当然是最好的、最廉价的劳动力。后来，冼星海在餐厅里做了堂倌，这工作并不比杂役更轻松，因为要圆满地完成老板娘连珠炮式的指令，实在不是件容易的事。

端菜去！"

"威士忌！"

"咖啡，咖啡！"

"账单，账单！"

这样，每当一天工作完毕，冼星海就像一个长途旅行者一样，拖着沉重的双腿，一步挨一步地爬上那间租来的七层楼的小鸽子窝，往破床上一躺，就昏昏欲睡了。朦胧间，老板娘指手画脚的身影又出现在眼前……他常常因此而惊醒，坐起来久久发呆，"不行，这样下去怎么办？我来巴黎的目的是什么？音乐，音乐啊……"

急切的情绪几乎变成了烦躁，虽然目前吃饭的问题解决了，可是两颊反而深陷下去了。第一次发薪水，他便买了一把提琴，每天下班回来练。虽然一边工作一边练琴，着实很苦，但冼星海都不放在心上，最让他感到头痛的是，没有老师的指导，怎么提高呢？

得知马思聪（著名的音乐家）在跟伟大的小提琴家奥别多菲尔学习后，冼星海决定去找他。马思聪也听说过国内有个颇有才华的"南国箫手"冼星海，只是万万没有料到，这个很有名气的"南国箫手"竟是如此的穷困潦倒。怀着极大的同情和对这种顽强的学习精神的敬佩，他领着冼星海去见奥别多菲尔。可是，当冼星海听说学费是二百法郎时，心里犹豫起来，但最后还是鼓足勇气去了。

奥别多菲尔先生听完了冼星海的陈述，沉思了一会儿。尽管这位大师对冼星海的试奏并不很满意，又嫌他的年龄大了一点，但这年轻人的经历和对音乐的执着追求，深深地打动了他，他从自己的切身体验中深知，"天

马思聪塑像

　　1923年和1931年马思聪两度赴法国学习音乐，主修小提琴与作曲。

才"的很大成分是一个人的意志力量和不懈的努力。此外，在他教授第一个中国学生时，就发现东方人的音乐感和灵动的指触，比他的欧洲学生有过之而无不及。他想以自己的这种发现来击败音乐界的那些保守派和狭隘的民族主义者。于是，他向那紧张地期待着回答的青年人说：

　　"从今天起你就是我的学生了，在你没有足够的收入以前，我不收你的学费。"

两个青年紧握着老师的手不放。冼星海激动的心情更是难以形容，他下决心要学好小提琴，不辜负老师的厚爱。

因为白天工作，他便利用晚上的时间勤奋地练习，常常从夜半一直到黎明。手指麻了，大脑木了，可是他仍就不肯停下，直到东方露出了鱼肚白，他才稍稍伸展一下疲惫的身躯，到水管边冲一下脸，便"噔噔噔"地跑下楼去，穿过残夜未尽的冷落街头，又开始了新的一天艰苦的劳动生活。冬天挨近了，寒风在夜晚特别显出它的威力，手指伸展不开，无法利用晚上的时间练琴，冼星海便利用夜晚的时间读曲谱，分析作品，练习写作。白天，他带着提琴去上工，寻找一点一滴的工作间隙时间进行练习。日复一日，他的体力渐渐支持不下去了，两眼周围渐渐地起了黑雾，他时常在工作时感到一阵阵地眩晕，工作也不像从前那样迅速了。老板娘对这个能干的小伙子的好印象越来越减退了，她很想好好地教训他一顿，但是总找不到机会——因为他把该做的都做了，只不过比从前迟钝了一些而已。终于有一天，机会来了……

"叮零零——"餐厅的铃声响了，冼星海急忙撂下提琴，端起菜盘走去，他踏上楼梯，一阵晕眩又发作了，他扶着栏杆，略微定了定神，铃声还在响着，他端好菜

盘，一步，两步……跨上去，他觉得，太阳穴里好像有许多针尖，刺得眼前冒金花，金花又化作许许多多的大大小小的问号，一起向他袭来。他想躲避这个袭击，身体略一倾斜，脚底下登个空，哗啦啦，几个盘子摔得粉碎，菜汤溅满了一身，他晕倒了，并从楼梯上滚了下来。

冼星海从老板娘的叫骂声中醒了过来。老板娘把她从她丈夫那儿知道的最恶毒的语言用在他身上，她期望这个青年能在她的威严下屈服，跪下来向她告饶。结果却令她大失所望，这个青年好像根本就没有听到她的骂声，他从容地拾起餐具的碎片，收拾净了残渣，然后返回身取来自己心爱的提琴，礼貌地向老板娘点了一下头，便昂首阔步地走出了店门，剩下老板娘愣愣地站在那里。不知怎么，老板娘对自己刚才的举动有些后悔了，但她知道这个青年不会再回来了。

冼星海又一次成了流浪汉，生活的道路好像布满了荆棘，每前进一步，都要付出代价。为了生存，不！为了理想，为了音乐，冼星海拖着虚弱、疲惫的身子又奔波了好几天，但一点进展也没有。他所看到的只是许多冷酷的、无动于衷的面孔。在街上，他也看到了一些卖火柴的孤儿、告地状的老兵和沿街乞讨的盲艺人，冼星海深深地同情他们。如果这时自己能弄到一点钱，他会毫不犹豫地先投到这些可怜人的手里，虽然他已记不清自己的上一顿饭是什么时候吃的了。

找不到工作，冼星海心里非常焦急，"难道自己就要这样永远流落于巴黎街头吗？难道自己的理想就这样破灭了吗？不，我要音乐，我要学习，我要想尽一切办法拯救自己！"于是，冼星海决定去咖啡馆为顾客们演奏。

他提着琴向一家坐落在闹市街头的外表装修得富丽堂皇的咖啡馆走去。他推开门，轻轻地迈了进去，站在靠角落的一个餐桌旁，把提琴放在桌子上，然后他勇敢地环顾了一下四周。咖啡馆里的人并不多，有正在谈生意的商人，有窃窃私语的情侣，也有打扮入时闲着无聊消磨时间的男女……在这之中，冼星海发现有两个中国人，除了他们的语言和外貌外，真的看不出他们与最摩登的法国人有什么区别。

冼星海拿起琴，极不自然地拉起来，虽然他并不是第一次登台演出。在国内，他曾多次在大型的音乐会上演奏过，也曾有许多人喜爱和崇拜过他这个"南国箫手"。但今天毕竟和那时不一样，在这里人们至多把他看成是一个穷酸的卖艺人，而不是一个艺术家。虽然他心理上根本不屑于这世俗的偏见，因为他觉得靠自己的劳动来生活而不强求别人的施舍，这比那些巧取豪夺的达官贵人不知要高尚多少倍！但他毕竟是一个20多岁，有着强烈自尊心的男子汉。所以，第一次在这样的环境下

演出，他还是有点窘……

　　他首先演奏了一曲莫扎特的回旋曲，但没人理会他。他又演奏了圣·桑的《天鹅》和比才的《哈巴涅拉》，有两个人抬头望了他一眼。接着他又演奏了两曲……然后，他笨拙地从桌子上拿起一只盘子，这盘子好像无比的沉重，他几乎是一步一步地挪到顾客面前，慢慢地伸出手去……顾客们有的友好地望了他一眼，微笑着把钱放到他的手里；有的却连头也不抬，随便从衣袋里掏出一些钱，数也不数，就朝冼星海的盘子里投了过去，然后摆了摆手，一副极不耐烦的样子。当冼星海走到这两个中国人面前时，他的心里好一阵激动，在异国他乡能遇到来自祖国的同胞，该是多么幸运啊！然而接下来发生的事却使冼星海始料不及……

冼星海纪念馆

"你给我拉，拉一个《小心肝》，我把这些钱都给你。"其中一个掏出一把钞票往桌上一放，然后斜着眼睛对冼星海说道。

冼星海默默地摇了摇头，表示他不会演奏这支曲子。

"啊哈！在大爷面前，你敢不拉，你不拉我的《小心肝》，你看我怎么教训你。"说着，他夺过盘子，把它摔了个粉碎，钱飘落了一地……

冼星海静静地看了看那个摔碎他盘子的人，什么也没说，他觉得跟这种人理论，简直是对他的一种污辱，而且这是在国外，他不愿意让外国人看中国人的笑话。为了心中的理想，更是为了祖国的尊严，他愿意忍辱负重。他放下提琴，弯下腰去，开始拾地上的钱。这时，冷不防，一只锃亮的皮鞋重重地踩在了他的拾钱的手上，冼星海疼得抽出手来，他抬头一看，这时一张狰狞的面孔正朝他冷笑着，刚才那种虚伪的绅士风度顷刻间荡然无存。冼星海忍无可忍，他猛地站了起来，可是还没等他站稳，一只拳头朝他头部重重地袭了过来，接着一把夹着一些硬币的钞票劈头盖脸地朝他扔了过来，他顿时觉得天旋地转，虚弱的身子晃了两晃，差点倒下来……这时，他模模糊糊地感觉到几只手将他半搀半推地送出门外，背后清楚地传来几句："跑到外国来丢中国人的脸……在国内，给我提鞋我都不要……"

　　冼星海醒来时，发现自己躺在一张床上，周围的一切都是陌生的，一间大约50平方米的房子，几件简单的家具整齐地摆放在那里，使整个房间显得干净、利落。冼星海向床边望去，三张焦急的面孔正注视着他：一个是位慈祥的老妈妈，黑色的头巾裹住了她花白的头发；在她身后站着的是位金发碧眼的漂亮姑娘，向前探着身，嘴唇微张；窗前的椅子上坐着一个似曾相识的小伙子。冼星海朦胧中记得，就在他要倒下去的时候，就是这位小伙子救了他。冼星海立即挣扎着从床上爬起来，来感谢这异国的救命恩人……后来，冼星海和这个法国工人家庭结下了深厚的友谊，也成了这个家庭的常客，而他们也把冼星海看成是这个家庭的一员。在最无助的时候，他们给予了冼星海许多的关怀和帮助。

　　在以后的日子里，冼星海还是找不到固定的工作，他就靠干各种杂活：守电话、抄乐谱、看小孩、做理发店杂役等等，来维持生活。他是在筋疲力尽、饥寒交迫之下以极大的毅力学习音乐的。这一时期，奥别多菲尔先生对冼星海，无论是在生活上还是在学习上都是非常关心的。当他得知冼星海老是找不到一个有固定收入的职业时，就一直不肯收他的学费，这使冼星海非常感激，也很不安，而奥别多菲尔先生就常常安慰他说："单单指望金钱是培养不出音乐家来的，一个人有才能，有决心，他也就有权利得到培养，一个被培养的人也就有义务去培养别人。如果我们的先辈不是这样身体力行，人类的音乐艺术也不会得到今天这样的发展。那些王位承袭者和公爵们究竟对人类的音乐的发展起了多大的作用呢？如果我们今天不按照我们的良知这样做，我们就不配称为那些优秀的先辈们的继承者，也愧对我们的后代。"为了提高冼星海的音乐修养，奥别多菲尔先生还为他介绍了其他老师．作曲家德印第先生（也是法国著名音乐教育家，"青年法兰西"学派的代表人物）、作曲家加隆先生、里昂古特先生，指挥家拉卑先生等。他们都是著名的音乐家，但是知道冼星海的处境后都不收他的学费。特别是奥别多菲尔先生，他在每次举行自己的音乐会时，总是要免费送给冼星海头排票，这些都给了他极大的安慰与鼓舞，使其虽受生活的折磨而从不灰心丧志。

在生活困苦的时日，冼星海对祖国的思念和忧虑也愈来愈深。那时，冼星海加入了"国际工会"，他常到国际工会的俱乐部去看记载着祖国时事新闻的电影。这时的祖国此刻正经历着严重的危机，东海那边的强盗正开进东北原野……从祖国传来的每条消息都重重地刺伤了冼星海，在悲痛里，冼星海把对祖国的思念、隐忧、焦急和自己生活中的痛楚用音乐写下来，创作了在当时颇为成功的作品《风》。

这是一个严冬的傍晚，劳累了一天的冼星海一步一步地爬上他的那间破陋的阁楼，他感到又冷又饿又累，他躺在床上，裹紧了那件破旧的大衣，想在睡梦中躲避这寒冷、饥饿、忧伤和疲倦。然而，寒气从大衣的破洞侵入，像是些刁滑、顽强的小动物，很快就爬满全身，使他无法入睡。这时，冷不防一扇窗户被风吹落在地，玻璃哗啦啦摔成了碎片，桌上的谱纸被吹得满屋飞舞，煤油灯也熄灭了。冼星海从床上起来，用床单堵上窗户，但却挡不住寒冷。一切的睡意都没了，他重新点燃了油灯，站在窗前，听窗外风声猛烈的嘶叫，他的心也跟着猛烈的撼动，一切人生的苦、辣、辛酸、不幸都从心底奔涌出来，不能自已。他忘记了寒冷、饥饿，忘记

冼星海纪念馆

了时间，一鼓作气，把全部的情感借助风用音乐表达出来……他不明白，为什么一首《朔拿大》到现在八个月了还未完成，而一夜之间却奇迹般地完成了这部作品《风》。这里没有经过精心的雕琢，却呕出了自己的心血。

第二天一早，冼星海怀着惴惴不安的心情来到了巴黎音乐院，找到了奥别多菲尔先生介绍给他的巴黎音乐院著名教授、作曲家加隆先生。加隆先生看了冼星海的作品后，很是欣赏。他告诉冼星海准备把《风》推荐给巴黎音乐院的新作品演奏会。冼星海知道这种音乐会只演奏院内优秀的老师或学生作品，所以他对此并不抱有多大的希望，只要得到老师的承认就可以了。可是第二天加隆先生亲自找到冼星海，并告诉他《风》已经进入演奏会的节目单了，下周就上演。对于一个连进校门都非常困难的年轻人来说，这个消息是多么令人振奋啊！

入场的铃声响了，冼星海随着人们走进演奏厅，有人指点着前排特别座席上的几个听众：杜卡斯（世界著名作曲家，音乐教育家）、拉威尔（法国作曲家，是继德彪西以后法国印象主义音乐最重要的代表人物）、普罗科菲耶夫（苏联作曲家，苏联音乐界重要代表人物）……好多他听说过，但不认识的音乐家。他的心情非常紧张，担任《风》的独唱的是有名的女高音歌唱家盖尔曼。冼星海曾在一次音乐会上听过她的独唱，她的声音圆润、

高亢，感情充沛，但今天她能不能把《风》的主题充分表现出来呢？他心里忐忑不安，觉得身后有许多视线射过来，射在背上，刺得好痛，他觉得有种压力，简直坐也坐不直了……

《风》已经唱完了，听众的掌声很热烈，有很多人继续拍着手，似乎要求重来一次，但那几位令人敬畏的音乐家怎么看呢？冼星海心里还是没底。

"祝贺你，年轻人！"杜卡斯先生紧拉着他的手说："我以为作品是成功的，一首充满人道主义精神的作品，你跟德印第学习过吗？……我听得出来，我甚至觉得这里有他的精神上的影子呢……"

"照我看，这里还深深体现着一种传统的东方文明——儒家的'仁'。"拉威尔说。

"一件有才华的作品，一个有才华的青年。"普罗科菲耶夫说着，从冼星海手里接过乐谱，很感兴趣地翻着，"我希望这件作品能够介绍给更多的听众，怎么样，我们来组织一次在电台的广播，好吗？"

冼星海聆听着几位大师对《风》的议论，心里非常激动和幸福。他没想到《风》那么样受人欢迎。而且还得到了那些著名音乐家们的称赞。后来，冼星海的《风》和前面提到的《朔拿大》都先后在巴黎电台播放过和公开演奏过。冼星海多年来的不懈追求、苦心经营，终于

结出了丰硕的果实。

由于奥别多菲尔先生的介绍，更是由于作品的极大成功，冼星海有幸结识了巴黎音乐院的大作曲家杜卡斯先生，并成为他的门生。杜卡斯先生经常给冼星海各种援助。送衣服、送钱，不断地鼓励他，并答应准他考巴黎音乐院的高级作曲班，这是冼星海早就梦寐以求的，也是他来法国的目的之一。

考试的那天到了，一些投考者穿着笔挺的西装，扎着高级的领带，一个个风度翩翩，昂首阔步，骄然迈进巴黎音乐院的大门，门警对这些未来的大音乐家们毕恭毕敬。但这是谁？一个中国苦力？门警上前拦住了去路。

"修下水道的吗？证件！"

"不，投考的。"

"什么，投考的?"门警以为这个"中国苦力"在开玩笑，"好啊，哪个班?"他问。

"高级作曲班。"

"我不喜欢开这样的玩笑。快些，证件!"

就在冼星海去掏准考证时，杜卡斯先生走了过来，他亲切地握住了冼星海的手，转身向门警说："这是我的学生。"然后挽着冼星海一起走了进去。门警久久地望着他们远去的背影，百思不得其解。

考试进行得很顺利，和声、赋格、作品分析都通过了，最后验交的创作是《风》和小提琴与钢琴合奏的《朔拿大》，主考官们交头接耳地议论了一番，最后由杜卡斯代表大家宣布：

你已经通过了考试，而且我们决定给你荣誉奖，按照学校传统的规定，你可以自己提出物质方面的要求。

冼星海觉得有些站立不稳了，他顿时觉得很疲乏，很饥饿，耳朵里有什么东西隆隆地响起来……

"饭票"，他只说了这两个字。

就这样，这个百折不挠、自强不息的小伙子终于走进了这个音乐最高学府，真正成为世界著名的音乐大师杜卡斯先生的学生。当然，以后的生活更穷苦了，甚至连买书和纸都很困难，吃饭当然是最低等的，而且每日还不能吃饱。但冼星海终于以惊人的毅力圆满地完成了学业，并于1935年春，以优异的成绩从高级作曲班毕了业。之后，冼星海不顾老师和朋友们的规劝，没有留在法国，而是毅然决然地投入了祖国的怀抱。

冼星海雕像

谱出抗战的呼声

想到就要回到阔别6年多的祖国，冼星海显得异常兴奋和激动。祖国，这是一个多么亲切、多么神圣的字眼，在国外，"祖国"曾经给了他无穷的力量和极大的安慰。对于他，祖国是一个完整的概念，是一个十分具体的，似乎触手可及的美妙的事物，恰似儿时做梦，梦见摘下天上的星星和月亮，串成晶莹的项链，挂在胸前向人炫耀那样。他想到母亲，想到南海、珠江、黄河和长白山，似乎这就是"祖国"的一切，他刻苦学习，忍受着一切折磨，就是为了祖国。今天，他回来了，带着他的破大衣、旧提琴和满腔的抱负。然而，一踏上这片故土，冼星海茫然了，他看到的是那些趾高气扬的外国水兵，穷凶极恶的日本浪人，飞跑在黄包车后面的乞丐，更衰老和更贫困的苦力；听到的是警车揪心的嘶叫，街头上应和着哀号般的大廉价、大拍卖的喇叭声和那忽快忽慢、痉挛似的黄色歌曲的唱片声……这就是祖国吗？这就是使人朝思暮想的一切么？幸福和隐忧、欢乐和辛酸同时强烈地震撼着冼星海的心。

几天来的印象，一下子还理不出个头绪来，但如今他应该做些什么呢？从哪里开始呢？……有些好心的朋友为他在报纸副刊上出了一页专刊，介绍他苦学的经历，所取得的成就，并登出了他的作品和老师们的照片。但反应很冷淡。在这风雨飘摇、人人自危的年代，谁去关心从海外归来的一个普通音乐家呢？他那貌不出众的肖像，远不如电影明星的照片、市场行情或者劫掠、凶杀之类的社会新闻吸引人。对于另外一些狂傲的艺术家来说，他们总觉得这个五官虽然端正的广东青年人还有某种缺欠，但这缺欠究竟是什么，他们也说不出来。杜卡斯、普罗科菲耶夫虽然是举世闻名的音乐家，但这个徒

弟却不见得有什么了不起。"吹牛！"自视清高的"艺术家"酸溜溜地说，"归根到底不过是在外国给人家端了几年菜汤，算得了什么艺术家！"说着，把那副刊揉成一团丢进纸篓里。

冼星海陷入极度痛苦之中，不仅是苦于找不到工作，自己所学得不到承认，更是苦于找不到报效祖国的途径，苦于不能为灾难深重的祖国贡献自己的一分力量。但是，任何困难和挫折都吓不倒历尽沧桑的冼星海，他决定自己搞创作。经过不懈的努力，他回国后的第一个作品终于完成了，那就是影片《时势英雄》的插曲《运动会歌》，并开始着手写大型乐曲——《民族交响乐》。这时，"一二·九"运动爆发了，全国抗日救亡运动迅速高涨起来，外面如火如荼的斗争，以及局势的迅猛发展，使他无法静下心来、专心致志地搞交响乐的创作。于是，他走出亭子间，把全部的激情投入到了谱写抗日救亡的歌曲当中。

这一时期，冼星海写了大量的抗日救亡歌曲：像《流民三千万》《我们要抵抗》《战歌》《救国进行曲》等。这些歌曲热情坦荡，一泻而下，但同时又坚实毅厚，劲拔有力，那激昂的节奏、愤怒的旋律充分表达了中华民族勤劳、勇敢，不畏强暴、敢于反抗的伟大精神。因此深受广大群众的喜爱，冼星海的名字和聂耳、吕骥、贺绿汀、张曙等音乐家一起在人们中间广为流传。冼星海成了名人，一时间聘请他的公司多了起来，最后冼星海去了几次三番请他的百代公司。因为冼星海的唱片销路最好，所以公司对冼星海格外高看，冼星海也比较满意这份工作，因为有了固定的收入，他就不用再为生活而奔波，这样就可以有更多的时间从事救亡歌曲的创作。但是，好景不长，因为这些发人深省、催人奋起的歌曲严重危害了国民党当局的利益，所以他们千方百计地从各方面打击他、扼杀他。

一天，冼星海被请到经理办公室：

"我们请你来是要通知你一件不愉快的事。"经理先生非常客气地请冼星海坐下，同情的目光从那金丝镜框外溢出来，"你的那张唱片，那张唱片……对了，叫什么

冼星海大马路

来着……"

"《战歌》和《救国进行曲》。"秘书插道。

"……对,《救国进行曲》啊?……它的底版销毁了,不能继续出版。这是当局者的权力,公司做不了主。"经理先生摊开双手,做了个无可奈何的姿势。

"但是,先生的才华,敝人是一向钦佩的,所以公司愿意与先生进一步合作,聘请先生为音乐部主事人,月薪是……"

秘书递过来一张款数极大的支票。

"什么条件?"星海问。

"……条、条件嘛……就是希望先生不要再写当局禁止的那样歌曲。"

"那写什么?"

"这……这个嘛……最好写表现统一意志、集中力量,写体现'忠孝、仁爱、信义、和平'……这样的曲子。"

"是当局派你来当说客的吗?"冼星海愤怒地问道。

"啊……不,不。如果先生不愿意写这样的歌曲,也可以为公司指定的歌词配曲,只要先生答应以后不再写那些犯忌讳的歌曲,我们仍旧请您做主事人,月薪照常……"

说着,他拿出一沓注满符号的唱片目录,指了指上面划了红圈的那些，"像这样……这样的歌曲……"

冼星海瞥了一眼，上面净是些不堪入耳的风靡一时的黄色歌曲。

"你们有钱，总以为艺术是可以用钱买来的。但是，一个真正的艺术家并不这么看。"星海退还了支票，"有的时候，一个艺术家宁愿饿死也不写违背自己良心的作品……"

离开了百代公司以后，星海又过起了穷苦的生活。但这一切：金钱、利益、地位的诱惑丝毫不能动摇他的理想和信念，不能扼杀他创作的激情。他下定决心："要继承聂耳所开辟的事业，创造一种新的音乐，让这种新音乐成为民族解放的有力武器，让新音乐在民族解放斗

广州人民公园的冼星海雕塑

广州麓湖公园的冼星海塑像

　　争中得到发展，让新音乐在战斗中，在反对为金钱、为色情、为屠刀……而服务的战斗中成长起来！"

　　冼星海除了写救亡歌曲外，还组织了救亡歌咏团体，向广大群众宣传抗日，普及音乐。他经常是背着行李，披星戴月，每天步行数十里，无论多么偏僻的乡村，不管旅途中多么劳累，每到一处，他都是放下背包就立刻跑去无偿地教群众唱歌，而群众对冼星海也是寄予无限深情。有一次冼星海到大场山海工学团教歌，当时这一带都有保安队宪警的严密的"保护"，但群众仍旧从四面八方鱼贯而来，他们都甘愿冒着生命危险来保护冼星海，听冼星海教歌。

　　繁忙的工作并没有改善冼星海的生活，但他精神却非常愉快。他觉得自己已经找到了一条正确的道路。从这里，可以把自己的力量贡献出来，贡献给祖国，贡献给人民。他好像在回国后的思想浑浊中发现了一股清流。他爱祖国、爱人民，但也爱艺术，常常觉得这里充满着不可解决的矛盾。现在他明白，两者并不是绝对对立的：艺术只有置于人民之中，它才会有无限的生命力，才是永恒的。他觉得自己过去的一些理想：普及音乐教育，创造产生中国贝多分的条件，救国救民……还是比较抽象的，零散的，现在才找到了明确的道路。在这条道路上有许多志同道合、埋头苦干的战友，他不仅增强了信心，更加感到了一种力量，一种被千千万万个和他一样忠心耿耿的人支持着的巨大力量，这是不能绞杀的千万个觉醒的心灵，这是不能熄灭的已被点燃了的熊熊大火。歌本烧掉了，千万只手秘密地传抄着，反而流传得更广了；唱片砸毁了，千万张嘴悄悄地传唱着，反而在心里铭刻得更深了。

　　这里，那里，只要有人哼起一句战斗的歌曲，马上在对面的楼窗中，在行人的行列里，在那些上学的孩子当中，在那些劳作的工人当中……一个、两个、三个……许多陌生的声音跟着唱了起来，楼上和楼下形成参差不齐的二重唱，街头和厂房相互应和着大合唱……听，这是

一些什么样的合唱队啊！

"轰轰轰，我们是开路的先锋……"

"谁愿意做奴隶，谁愿意做马牛？……"

"奋斗抵抗，奋斗抵抗，中华民族不会灭亡！……"

这歌声透过厚厚的墙壁，穿过细小的隙缝，它简直无所不存、无孔不入。这歌声是一个觉醒了的民族的声音，雄伟豪壮，势不可挡。

"七七事变"以后，在全国人民的强大压力下，在中国共产党的抗日民族统一战线政策的感召下，国民党政府不得不实施一些开明的措施，于是"国民政府军事委员会政治部"宣告成立了，冼星海同许多的文化界人士一样，参加了第三厅，并担任着音乐方面的主任科员。他和张曙事实上在领导着当时的抗战音乐。

三月的武汉，桃花盛开，春意融融，一片生机，冼星海满怀着希望、憧憬来到了第三厅，到第三厅工作的还有冼星海的老友田汉、张曙等。他们个个精神抖擞，摩拳擦掌，准备干一番事业。冼星海比在上海时更忙了，他有时一天要跑七八个地方，这里教支新歌，那里讲讲乐理，这里帮助一个新成立的歌咏团体建立组织，那里又要出席一个座谈会，他辛勤地、忘我地工作着，甚至无暇去计量总共做了多少事情，不管谁求他，他都竭尽全力地使人们得到满足。这期间，冼星海工作特别兴奋，在百忙之中还创作了《保卫武汉》《五一工人歌》《新中国》《祖国的孩子们》《游击军》《华北农民歌》《当兵歌》《我们的队伍向前走》等深受人们喜爱的歌曲，并成功地组织了十几万人参加的"七七抗战"周年纪念活动。这是冼星海难以忘记的一天，他清楚记得：

天还没黑，人们便从四面八方涌了出来，集合在街头巷尾，准备举行歌咏火炬大游行，歌咏队里的积极分子便利用这个机会教唱冼星海和朋友们为这次游行谱写的抗日救亡歌曲。一时间，歌声四起，响彻云霄，虽然没有乐队的伴奏，但在星海听来，这是世界上最美妙、最动听的歌声，因为它是发自亿万中国人心底的呼声：

到敌人后方去，把鬼子赶出境。

不怕雨、不怕风，抄后路、出奇兵。

今天攻下来一个村，明天夺回一座城。

我们并不怕死，

不要拿死来吓我们！

我们不做亡国奴，

我们要做中国的主人！

让我们结成一座铁的长城，

把强盗们都赶尽！

让我们结成一座铁的长城，

向着自由的路前进！

天渐渐黑了。千万支火把举了起来，照得满街红彤彤的，使本来不怎么亮的路灯更显得昏暗无光了。人越聚越多，歌声也越来越响亮……

冼星海和同伴们沿着街走着，他深深地被眼前的情景所打动！这个在困难面前从未掉过一滴眼泪的坚强的男子汉，此时也禁不住热泪盈眶。以前，他也曾参加过游行，教唱过歌曲，他曾坚定不移地做这项工作，任劳任怨，不惧当局强横的压制，但那时的心情是悲愤和压抑的。现在情况不同了，人们终于可以尽情地在自己的国土上唱爱国、反抗侵略的歌曲了。这些歌现在正在大街小巷传唱着，化为十几万人众口一声的巨大音流，这是多么痛快淋漓的事呀！冼星海觉得自己多年追求的理想，蓓蕾终于绽开了。不是吗？人民普遍地接近了音乐，通过音乐，发出了抗战的吼声，同时人民的音乐水平又从这里得到提高。他想象着抗战胜利后的美好远景！音乐学院、管弦乐队、成批的优秀青年作曲家，精彩的音乐演奏会……这不是自己追求的最高理想么？为着这理想，过去曾不止一次地碰钉子，吃了不少苦头，历尽沧桑。而今天，胜利好像就在眼前，冼星海怎么能不激动呢！

冼星海在救亡歌咏运动中，广泛、深入地接触工农群众，而群众的爱国热忱和抗战决心也给了他无穷的力量。人们都说，哪里有群众，冼星海就到哪里去；哪里有冼星海，哪里抗战的歌声就更加高昂。他以不可抑制的创作激情为大众谱出抗战的呼声。从1935年到1938年不到三年的时间里，他创作的救亡歌曲就有四百余首之多。

然而随着抗战的进一步发展，国民党反动派消极抗战、积极反共的嘴脸日益暴露出来，他们明显地感到了抗日救亡歌咏运动力量的迅猛增长，所以就千方百计地进行破坏、压制。在武汉，冼星海参加建立的几十个歌

咏团体被迫解散。他与聂耳等人创作的救亡歌曲再次被禁唱查封。但鉴于冼星海的威望，他们仍不得不将他留在第三厅。可是在工作中却受到了很大排斥，特别是失去了创作的自由，在作品中连"救亡"这两个字都不允许出现。冼星海感到异常苦闷、无事可做，其他的同事也有同感。因此，他们编了一首打油诗说："报报到，说说笑，看看报，胡闹胡闹，睡睡觉。"

没有工作做，办公室简直比牢狱还要折磨人。冼星海干脆也不去第三厅应那个卯了。他躲在房间里，想利用这个机会写一批作品来。对冼星海来说，这是多么难得的"清闲"时间啊！经过辛勤的耕耘，终于《胜利的开始》《到敌人后方去》《工人抗战》《反侵略进行曲》《斗争就有胜利》《空军歌》《点兵曲》《江南三月》等作品都先后问世了。但是，由于受国民党当局的限制，这些作品都不能被传唱和公开演奏。

事实再一次教育了冼星海，以前他一直认为艺术是可以脱离政治而存在的，他觉得自己不一定要在政治上信仰个什么主义，只要自己做一个真正的爱国者。然而经过这么多次的教训，他期望、怀疑、失望，又期望、又失望……现在他终于明白了，回避政治上的答案而只单纯地做抗战宣传工作，实际上是行不通的。于是他决定离开政治部，离开这个环境，去一个能给他充分创作自由，充分发挥自己才能的地方去。

那么到哪里去呢？

"去延安吧，那里是全中国唯一圣洁、唯一自由的地方。"朋友们说。

"但是，延安是否合我的理想呢？延安真的像有些描述的那么好吗？"冼星海暗自思量。

就在冼星海苦闷、彷徨、犹豫不决的时候，他收到了来自延安鲁艺学院全体师生签名的热情洋溢的聘请信。接着他又收到鲁艺学院的两次电报，于是冼星海抱着试探的心理，踏上了北去的列车……

冼星海与夫人钱韵玲

艺术上的再生

1938年10月，在八路军办事处的帮助下，冼星海扮作侨商，躲过敌人的盘查，越过封锁线，终于到达了革命圣地——延安。

一进入延安，冼星海顿时被这座古城壮美的景象所吸引住了。碧蓝蓝的天，金灿灿的地，一排排整齐的窑洞和那伴着清凌凌的延河水的青年们的欢歌笑语……所有这一切都给了星海一种生机勃勃的感觉。几天来的观察，使冼星海来时的全部疑虑渐渐地消失了。童年的困苦，求学的艰难，在国外所受的侮辱、欺凌，中华民族遭遇的深重灾难，国民党反动派的残酷、腐败、昏庸……所有的一切同眼前的生活形成多么强烈的对比呀！他觉得有生以来自己第一次呼吸到这样新鲜的空气，第一次体会到革命大家庭的温暖。他现在明白了，为什么敌人千方百计地阻挠、破坏、威逼、恐吓都动摇不了那些热血青年奔赴延安追求真理的决心。

冼星海俨然像换了一个人似的，他把对党、对人民、对革命事业的深切热爱完全倾注在不知疲倦的工作中。白天他给学生上课，也和同学们一起上山开荒。傍晚，他经常手提马灯、翻山越岭，步行十余里，到延安各处去教歌。深夜回来后仍不肯休息，常常坐在如豆的油灯下，面对窑洞沙沙作响的纸窗，或者从事创作，或者编写教材。

冼星海热爱八路军战士，战士们也敬重他，爱戴他。在抗大的校园，在延安机场的路旁，人们常可看到，冼

冼星海塑像

星海被一大群十几岁的八路军的小同志围着，要他教歌，请他讲解乐理。冼星海席地而坐，用树枝或手指在地下边画边讲，谈笑风生。他为群众当先生，但又是群众最恭敬的学生，他的作品写完以后，都亲自唱给周围的群众听，征求他们的意见，凡他们觉得不顺口，他都重新改过，直到他们认为满意为止。冼星海对同志热情亲切、坦率诚恳，没有任何所谓艺术家的架子，使你感到他是普通群众中的一员。他在给母亲的信中说："我不是一个自私自利、自高自大的音乐家，我要站在民众当中，永远向社会的底层学习。"

延安的生活，促使冼星海的创作焕发出更加充沛的激情。这一时期，是冼星海的创作最旺盛的时期。他的乐思如泉涌，有时饭吃到一半，突然来了灵感，就立刻

放下碗筷，写下这段旋律。短短的一年半时间里，他写了《黄河大合唱》《生产大合唱》《九一八大合唱》等四部大合唱，二部歌剧，近百首歌曲，还有许多理论文章和课堂教材。他在延安创作的音乐，感情更加饱满，思想更加深刻，旋律更加亲切，形式也更加丰富、多样，更有创造性，而且更加群众化。冼星海对于欧洲音乐技巧懂得很多，对我国民间的歌曲、音乐也有较深入的学习研究。他以不懈的努力把这二者结合起来，表现了当代中国人民的思想感情，创作了具有崭新的民族风格和中国气派的新音乐。

延安是一座革命的大学校。延安青年高昂的革命斗志，热烈的学习空气，给了冼星海很深的影响。他如饥似渴地阅读马列主义理论。买不到书，就四处借阅。他在自己的书上圈圈点点，写满了题注、感想。他学习马列主义毛泽东思想绝不是为了装饰，更不是用来吓人，而是非常自觉地用它改造思想，指导创作实践。在法国他就曾尝试用音乐表现祖国的苦难，回国后参加了实际斗争，谱写了大量的表现劳苦大众呼声的抗日救亡歌曲，但他总觉得在吸收劳动者的思想情感入作品时，显得表面化。现在，他才真正从理论上认清了工人阶级的本质。懂得了工人阶级因为受压迫最深，所以革命性最强，他们是革命的领导阶级，他们是未来世界的主人。他在一

延安宝塔山

篇文章中说：大众化的音乐"必须代表大众的利益"，"必须服从政治"，必须"把音乐当作一种斗争的武器，大众拿它去打击敌人"，而不能仅仅做一个为艺术而艺术的音乐家。所以，冼星海这一时期的作品在创作上有了质的飞跃，思想上更加深刻，感情上更加真挚。他在给妻子钱韵玲的信中深刻地写道："假如你不弄通马列主义，你的艺术就是有限的。"

这一时期，冼星海彻底完成了世界观和人生观的转变。他确信中国共产党是民族的救星，只有毛主席的革命路线才能够救中国。党中央、毛主席的亲切关怀、教育，革命同志火热的感情给予他的温暖，延安生活的熏陶，马列主义理论的武装，实际斗争的锻炼，和工农大众的血肉联系……这一切促使冼星海在政治、思想、创作各方面都取得了快速的进步，他进一步确立了为工农创作音乐的艺术方向。为了民族解放，为了建立新中国，为了更好地为祖国、人民贡献自己的力量，冼星海郑重地向党递交了厚厚的9页纸的入党申请书。他在申请书中这样写道："我要把自己献给党，不顾一切，为党努力！"

1939年6月14日，冼星海光荣地加入了中国共产党。多年的愿望，一生中最崇高的理想，终于实现，他显得万分激动，他在日记中写道："今天就算我入党的第一天，可以说生命上最光荣的一大……"

"不顾一切，为党努力！"冼星海用实际行动实现了自己的诺言。

发出人民大众的怒吼

当你站在黄土高原的高山之巅、眺望黄河，它蜿蜒曲折，像一条神龙在云雾中翻转飞腾，一泻千里；而当你渐渐地靠近它时，夹杂着黄澄澄泥沙的河水，喧嚣着，沸腾着，震动着峡谷，然后，随心所欲地沿着地面穿行。它遇见土壤，便冲成深深的沟壑，它舒展着胸怀，浩荡而过，碰见岩，就进行撞击，搏斗，黄色巨流变成滔滔白浪，起伏的水纹也变成了急湍的漩涡。当你登上那三四丈长的大木船，在老艄公的紧张而又镇定的指挥下，大木船向滚滚奔腾的急流冲去，船夫们激越、高亢的号子声与浪涛呼啸之声汇合成一股无比强大的声浪，显示出雷霆万钧之力、惊天动地之势。你听：

咳哟！划哟！划哟！划哟！

划哟！冲上前！

划哟！冲上前！咳哟！

乌云哪，遮满天！

波涛哪，高如山！

冷风哪，扑上脸！

浪花哪，打进船！

咳哟！划哟！划哟！划哟！

划哟！冲上前！

划哟！冲上前！

这歌声多么雄浑、激昂，它是黄河上船工们的号子，它和黄河的急流一样奔腾而至，这种惊天动地的劳动者呼声震动了整个剧场，粗犷、豪放，好像山洪暴发、万马奔腾一样，不可遏止。但这绝不是自然力量的单纯模仿，这是音乐，这是蓬勃展开的节奏，这是激荡昂扬的律动。它仿佛有一种奇妙的力量，一下子征服了听众的情绪，把他们带到了战火纷飞的抗日战场……

这是1939年5月11日，庆祝鲁艺成立一周年晚会上的情景。当时我们伟大的领袖毛主席亲自听了冼星海作曲并指挥的《黄河大合唱》。毛主席坐在群众中间，微笑着，随着歌曲的节拍鼓着掌，显得非常激动，歌声一落，毛主席高兴地连声说："好！好！"冼星海当时也感动得热泪盈眶，那一夜，他久久不能入睡，他在当晚的日记

延安中央大礼堂

中记下了这次成功的演出，并写道："我将永不忘记今天晚上的情形。"同年7月，周恩来副主席回到了延安，当他看完了《黄河大合唱》的演出之后，也非常激动，当即亲笔为冼星海题了词："为抗战发出怒吼，为大众谱出呼声！"

1939年3月的一天，冼星海在一次诗歌朗诵会上听到了诗人光未然的《黄河大合唱》的歌词，激发出他长期蕴藏在心中的乐思。抗日战场上八路军游击健儿奋勇杀敌的情景，滚滚黄河汹涌澎湃的场面，以及船夫们顽强搏斗的身影都浮现在眼前。他一把将歌词抓在手中，说："我有把握把它写好！"回到家后，冼星海立即投入了创作之中。早春的延安夜是很冷的，但冼星海的创作热情却比火焰还要炽热！夜深人静时，炭火熄了，窑洞里非常冷，但冼星海的激情丝毫没有减弱。他把自己多年来对祖国命运的关注、对民族灾难的忧忿、对革命战争的颂扬、对抗战胜利的信心全部倾诉在这部音乐作品之中。由于思想认识的提高，长期生活的积累和废寝忘食的劳作，仅仅六天的时间，这部气势磅礴，震撼人心的《黄河大合唱》的初稿就创作成功了！它以满腔的热情生动描绘了党和毛主席领导下抗日军民的游击战争，歌唱了"万山丛中"，"青纱帐里"的游击战士，歌唱了"在黄河两岸……星罗棋布，散布在敌人后方"的游击兵团、野战兵团，歌唱了我国抗日军民乘风破浪的雄姿，歌唱了我们中华民族反抗侵略、坚强不屈的英雄气概，歌唱了以延安为中心的"新中国已经破晓"，并且"向着全中国受苦受难的人民，向着全世界劳动的人民，发出战斗的警号。"这一切经过作曲家音乐形象的再创造和音乐艺术上光芒四射的渲染，赋予了强大的艺术生命力。

　　《黄河大合唱》是冼星海在延安时期创作的最成功的作品之一。它无论在思想上还是艺术上，都堪称是不朽之作。作品以饱满的激情，磅礴之势，热情讴歌了中国共产党领导下的伟大的抗日民族解放战争，和中国人民勇敢、顽强、不畏强暴的民族气节。它一诞生就立刻轰动了延安，传遍了整个中国，成为中国音乐史上最辉

电视剧 《冼星海》 剧照

煌的乐章。中国人民被欺辱、被压迫、被蹂躏的时代虽然永远一去不复返了，但这部催人奋起的伟大作品却永远激励着人们在新的形势下不断前进。

1945年10月30日，年仅40岁的冼星海在远离祖国亲人的异国他乡——苏联与世长辞了。长期艰苦的流浪生活，废寝忘食的创作终于夺走了他顽强的生命。这个为理想而奋斗一生，为人民而鞠躬尽瘁的伟大音乐家，还没能来得及看到革命的胜利就过早地离开了人世。当他逝世的消息传到了祖国，全国人民顿时悲痛万分，伟大的领袖毛主席亲笔为他写了挽联"为人民的音乐家冼星海同志致哀！"

冼星海的一生历尽了沧桑，童年时代他受尽了生活的磨难，为了音乐，他远渡重洋到了巴黎，靠做各种杂役来维持半饥半饱的生活，在艰难和屈辱之中，凭着顽强的毅力完成了学业。当时正值民族危亡之际，他放弃了在巴黎过优裕生活的可能，毅然投入了祖国的怀抱。回国后他不顾国民党反动派的种种阻挠、威逼利诱，将个人的一切置之度外，奋不顾身地投入了党领导下的抗日民主救亡运动之中，他用那铿锵有力、激情荡漾的歌曲，团结、激励起无数的中华英雄儿女加入了拯救民族危亡的斗争行列。他用自己奋斗的一生不折不扣地实践了他的誓言："为伟大的中华民族不懈地奋斗……直到离开世界。"冼星海无疑是我国新音乐艺术的伟大先驱，卓越的作曲家，人民的艺术家。他无愧于那个时代，无愧于祖国和人民。今天，他虽然离开我们已有六十多年了，但他的歌曲却永远活在人民的心目中，他博大的胸怀和雄伟的魂魄永垂千古！

冼星海（左前二）和同志们在一起